Reinhart Daghofer

Macht und Ohnmacht Gottes

Theologische Plädoyers

Band 12

LIT

Geleitwort

Weil unser Denken keinen Widerspruch duldet, trifft es nicht unsere Erfahrung. Die Götter Homers dagegen passten zum Leben. Wenn Odysseus Gutes widerfährt, kennt der Dichter die Urheberin. Es ist Athene, die ihre Hand über den Helden hält, der so viel Leiden erfahren musste aber am Ende heimkehren darf. Dessen Feind ist Poseidon. Gut und Böse sind im Götterhimmel säuberlich getrennt, so wie auch im menschlichen Leben und in den Köpfen der Menschen, die sich einen Reim darauf machen wollen. So war das im alten Griechenland, der Heimat des Aristoteles, der die Logik erfand und den Satz vom zu vermeidenden Widerspruch aufstellte.

Wenn doch die Welt ein widerspruchsfreier Kosmos wäre, wohlgeordnet und schön – aber sie ist es nicht.

Der Gott Israels, das große Gegenüber, der Schöpfer der Welt, die Wirklichkeit der Wirklichkeiten, entzieht sich dagegen dem menschlichen Kalkül. Sein Name ist nicht mehr als die pure Ausrufung seines Daseins. Nicht mehr aber auch nicht weniger. Vom Paradies, zu dem er gepasst hätte, wie die Götter zur Welt Homers, muss Israel nur deshalb erzählen, weil es verloren ist. Nachparadiesisch wird der Einzige, Wahre, Liebende und Schöne zutiefst auch im Schrecken und im Leid erfahren. Das will nicht in den Kopf, ist Gott doch allmächtig, der Inbegriff des Guten. Alle Anstrengung, seine Wirklichkeit, die alles umgreift, im Denken und Sprechen ohne Widerspruch zu erfassen, mündet im Mysterium.

Reinhart Daghofer ruft in den hier vorgelegten Reflexionen neben den bedeutenden Theologen Rahner, Metz, Moltmann, Bonhoeffer, Kreutzer, dem Philosophen Jonas und anderen, vor allem zwei eindrucksvolle Frauengestalten als Zeuginnen auf, Simone Weil und Etty Hillesum. Vorher aber blickt er zurück auf sein Leben als Strafrichter, der sich um Wahrheiten und um Gerechtigkeit bemüht hat. Dann aber merken wir auf. Er erwähnt auf eindrucksvolle Weise eine Erfahrung, die seinem Leben ein Zentrum gab. Er durfte sie am qualvollen Sterbelager seiner ersten Frau machten: „... “eine Erfahrung, die ich beschreiben könnte aber nicht beschreiben möchte.“ In dem, was dann folgt, wird sich die tiefe Verwandtschaft mit den beiden großen Frauen erweisen. Mit ihnen teilt er jene Erfahrung, die im inkommensurablen Leid dem inkommensurablen Gott begegnet.

Alle blicken sie auf einen ohnmächtigen Gott. Die Jüdin Etty Hillesum hält, den Tod in Auschwitz vor Augen, auf unfassbare Weise an ihm fest. Die Christen blicken auf das Kreuz Jesu und setzen sich mit den Konsequenzen der Inkarnation auseinander. Das Konzil von Chalcedon hat in seiner Lehre von den zwei Naturen Jesu, der göttlichen und menschlichen, die „unvermischt und ungetrennt“ ihm zukommen sollen, etwas installiert, das Aristoteles, dem Philosophen der Widerspruchsfreiheit, gewiss nicht gepasst hätte. Es ist das Urdogma des Christentums, das den Gott anspricht der nicht ausgerechnet werden kann. Schon Hans Urs von Balthasar – er war nicht der einzige – hat bemerkt, dass die menschliche Natur Jesu und damit die tiefste Erniedrigung eines wirklichen Menschen am Kreuz, über weite Strecken der Kirchengeschichte nicht ernst genug genommen wurde. Die Rede vom allmächtigen Gott hatte seine Ohnmacht am Kreuz überstrahlt. Simone Weil und mit ihr Reinhart Daghofer, drehen nun nicht einfach in ihrer Betrachtung eines ohnmächtigen, leidenden Gottes diese Aussage ins schlichte Gegenteil, sondern bestehen auf dem Mysterium, das es erlaubt, an beiden Aussagen gleichermaßen festzuhalten.

So sehr sich auch der Diakon Daghofer in die Spekulationen des großen Theologen Jürgen Moltmann über die innertrinitarischen Verhältnisse von Vater, Sohn und Geist vertieft hat, lässt er sich von den Widersprüchen nicht paralysieren. In der Machtfrage lässt er sich von Simone Weil inspirieren, die als Denkerin ihre Überlegungen in die Konsequenz treibt: „Die Kirche sollte sich in ihrem Lebensvollzug der Gestalt des ohnmächtigen Gottes annähern.“ Eigentlich“, so spitzt Weil zu, „... dürfte die Kirche keine Gesellschaft sein“. Doch sie muss es wohl, denn auch sie unterliegt der Gravitation. Aber statt spiritueller Machtausübung sollte bei ihr die Barmherzigkeit, die Empathie mit dem Leiden der anderen im Zentrum stehen. Hier wird der ehemalige Richter auch einmal paradigmatisch konkret. Er plädiert für einen anderen Umgang mit denen, die statt Ausgrenzung Barmherzigkeit als die stärkste Form der Gottespräsenz erfahren sollten. Gemeint sind die wieder verheirateten Geschiedenen.

Daghofer und die Mystikerinnen, die keinen Widerspruch scheuen, nehmen ihre Leserschaft mit in das Mysterium des einen und einzigen Gottes, der die nachparadiesische Welt offenhält, weil er sich, indem er sich offenbart, zugleich entzieht. Daghofer liefert das eindrucksvolle Beispiel einer Theologie, die durch eine Lebensgeschichte beglaubigt und damit auch ein Zeugnis ist.

Eckhard Nordhofen

Inhalt

„Aus dem Mund der Kinder und Säuglinge hast du ein Bollwerk errichtet deiner Widersacher wegen, um ein Ende zu bereiten dem Feind und dem Rachgierigen."

(Psalm 8, Vers 3 Zürcher Bibel).

I. Einleitung

1 Keine Theologie ohne Biografie

Dietrich Bonhoeffer erkennt in seiner „Nachfolge“:

Eine Erkenntnis kann von der Existenz, in der sie gewonnen ist, nicht getrennt werden.[1]

Diese Einsicht der Sache nach teilend, vermerkt Johann Baptist Metz in seiner „Memoria Passionis“, dass das Thema Gott auch den Theologen nicht von seiner Biografie dispensiert. Er schildert beeindruckend und erschütternd sein, ihn als Mensch und damit auch als Theologen prägendes, Erlebnis als 16-jähriger Soldat der deutschen Wehrmacht im Jahr 1945. Nach der Rückkehr von einem Meldegang fand er die vorwiegend blutjungen Kameraden seiner Kompanie (nach dem damaligen Jargon: „Kanonenfutter“) alle nur mehr als Leichen, nachdem sie bei einem kombinierten Panzer- und Jagdbomberangriff der Amerikaner in ihrer Stellung vernichtet worden waren. Er erinnert sich an nichts als einen lautlosen Schrei. Damit konnte sein Glaube nicht mehr auf einem naturwüchsigen Vertrauen ruhen.

Über dieser Glaubensgeschichte liegt für ihn ein Hauch von Unversöhnlichkeit; Gebete sind für sie (gemeint: diese Glaubensgeschichte) vor allem Gebete des Vermissens, des Gott-Vermissens. „Und es ist tröstlich für sie, dass auch das Neue Testament mit einem Schrei endet.“[2]

Dieser sehr persönliche Zugang ermutigt mich, meine Motivation für die Wahl des Themas dieser theologischen Arbeit ebenfalls offen zu legen.

---

1 Vgl. DBW 4, 38 (Die Auflösung der Abkürzungen und die ausführlichen bibliografischen Angaben sind dem Literaturverzeichnis zu entnehmen).

2 Metz 93f.

2 Die Ohnmachtserfahrungen der Menschen erfordern einen Widerhall in der Rede von Gott

Meine erste Ehefrau ist nach einem mehrjährigen Krebsleiden in einem Hospiz für Schwerstkranke verstorben. Die durchwegs engagierten und kompetenten Ärzte konnten mit den Schwestern und Pflegern die sich häufenden und nicht vorhersehbaren Komplikationen und Schmerzen naturgemäß immer nur im Nachhinein bekämpfen.

Mein Miterleben war mit einem tiefen Gefühl der Hilflosigkeit bzw. der Ohnmacht verbunden. Trotz ihrer tiefen existenziellen Betroffenheit haderte meine verstorbene Frau nicht mit ihrem Gott. Die Theodizeefrage ist auch mir nicht in den Sinn gekommen.

Es geht bei dieser Geschichte aber nicht etwa um mein Mitleiden, sondern um das Leiden meiner verstorbenen Ehefrau und damit um das Leiden „der Anderen".

Ein hervorzuhebender Schwerpunkt dieser Arbeit liegt in dem Versuch der Entfaltung des Gedankens, dass alles Leiden dieser Welt im Leiden des auferstandenen Gekreuzigten und damit im Leiden Gottes aufgehoben ist in der hegelschen doppelten Bedeutung dieses Wortes: bewahrt und zugleich überwunden.

Dass die Rede von einem leidenden Gott auch die Rede von einem ohnmächtigen und hilfsbedürftigen Gott nahelegt, wird im Kapitel III erläutert.

3 Der forensische Aspekt als hermeneutischer Schlüssel für die Deutung des Heilsgeschehens

Dazu fügt sich ein zweites biografisches Moment: ich war 34 Jahre meines Lebens Richter, die meiste Zeit davon Strafrichter. Die letzten etwa 15 Jahre vor meiner Pensionierung hatte ich auch die Sittlichkeitsstrafsachen beim Landesgericht Ried im Innkreis zu bearbeiten. Erst im Nachhinein hat sich mir wirklich enthüllt, dass eine nicht nur ausschließlich, aber hauptsächlich empathische, opferbezogene Sicht den Opfern gerecht wird. Die Opfer dürfen nicht im Lethestrom des Vergessens versinken.

Erst dann können ihre Wunden heilen.

Ich erinnere mich eines Falles, bei dem ein etwa zehn Jahre altes Mädchen von einem nahen Verwandten mehrfach sexuell missbraucht wurde. Anzeige hat die Frau aber erst im Zuge einer Psychotherapie im Alter von etwa 45 Jahren erstattet. Der hartnäckig leugnende Täter hat, wie sehr häufig, alle möglichen und unmöglichen Verschwörungstheorien ins Treffen geführt. Er musste letztlich aus tatsächlichen und ziemlich komplexen rechtlichen Erwägungen freigesprochen werden, weil dann doch nicht mit Sicherheit ausgeschlossen werden konnte, dass seine Taten verjährt sind. Allerdings hatten die Geschworenen die Schuldfrage einhellig (8:0) bejaht. Die Rechtsanwältin des Opfers hat mir später versichert, dass ihre Klientin keine zivil-rechtlichen Ansprüche geltend machen will (was mit hohen Erfolgsaussichten verbunden gewesen wäre).

Die Tatsache, dass in einem Geschworenenverfahren hochoffiziell und öffentlich der Täter als Täter und die Frau als Opfer und nicht als psychopathische Hysterikerin bezeichnet wurden, habe ihr die ersehnte Genugtuung verschafft.

Das muss generalisiert werden: der Amnesie, die die Täter aller Zeiten über ihre Untaten breiten wollen, ist die „Apokalypse", die Enthüllung ihrer Schandtaten und damit die Aufdeckung der Leiden aller Opfer mit aller Kraft entgegenzustellen. Es handelt sich dabei um ein „Postulat der praktischen Vernunft"; die hierfür erforderliche anamnetische Macht übersteigt aber alle menschlichen Möglichkeiten.

Dieses „Postulat der praktischen Vernunft" erfüllt sich in dem in Matthäus 25 geschilderten eschatologischen Gericht. Dabei geht es nicht um eine Dämonisierung der Täter, sondern darum, dass sich in den Leiden aller Opfer der auferstandene Gekreuzigte endgültig enthüllt, indem er alle Opfer der Vergangenheit, der Gegenwart und der Zukunft endgültig an sich zieht. Und es ist möglich, dass sich schon in der aktuellen Enthüllung des Leidens der Opfer (und darüber hinaus in der ganzen Fülle des Lebens) auch hier und jetzt „etwas" ereignet, das als Enthüllung einer Gotteswirklichkeit gedeutet werden kann.

Die Bedeutung des forensischen Aspektes für das gestellte Thema entspringt nicht nur meiner persönlichen Meinung, sondern entspricht auch der Anschauung Jürgen Moltmanns in seinem Werk „Der gekreuzigte Gott":

„Der Ausdruck ‚Prozess' wird [...] in seinem weiten Sinnhorizont gebraucht und meint sowohl einen Gerichtsprozess um die Wahrheit wie einen Geschichtsprozess. Mit dem ‚Prozess Jesu' ist darum nicht im engeren Sinn sein Prozess vor dem Hohen Rat oder Pilatus gemeint, sondern *der Streit um die Wahrheit Gottes,* in dem er als Zeuge auftritt, und auf der anderen Seite der ‚Prozess um Jesus' im Rechtsprozess Gottes, in welchem seine Zeugen für ihn eintreten. Der Ausdruck schillert also in mehreren Bedeutungen, ist aber darum auch fruchtbar. Hinter seiner Verwendung steht die Auffassung, dass Geschichte besser in den Kategorien des Rechtsprozesses und des Streites um Gerechtigkeit, Leben und Freiheit erfasst wird als in naturalistischen Kategorien."[3]

Damit sollte auch klargestellt sein, dass es bei diesem forensischen Aspekt natürlich nicht um ein anmaßendes moralisierendes Richten und Verurteilen geht, sondern um ein sehr ernsthaftes, mitunter mühseliges Ringen um die Wahrheit.

Dieser noch mehrfach anzusprechende forensische Aspekt im engeren und im weiteren Sinn spielt auch im Denken Simone Weils eine ganz wesentliche Rolle. Das in ihrem Denken maßgebliche Ringen um die Wahrheit ist als dynamisches, prozesshaftes Geschehen aufzufassen, dem eine Lebendigkeit innewohnt, der eine bloß statische Betrachtungsweise nicht entspricht.

Nicht theologisch, aber inhaltlich in gleicher Weise bedeutsam, kann man zu diesem Thema mit Theodor W. Adorno auch sagen:

„Das Bedürfnis, Leiden beredt werden zu lassen, ist Bedingung aller Wahrheit. Denn Leiden ist Objektivität, die auf dem Subjekt lastet; was es als sein Subjektivstes erfährt, sein Ausdruck, ist objektiv vermittelt."[4]

4 Die Möglichkeit der gnadenhaften Transzendenzerfahrung

Ein drittes biografisches Moment veranlasst mich, auch dieses Thema[5] in die Rede von einem ohnmächtigen Gott bei Simone Weil und Etty Hillesum einfließen zu lassen.

---

3 Moltmann, Der gekreuzigte Gott 107 (Hervorhebung R. D.).

4 Adorno, Negative Dialektik 27.

5 Vgl. Rahner, Die gnadenhafte Transzendenzerfahrung.

I. Einleitung

In den letzten Tagen vor dem Eintritt des Todes meiner ersten Frau war eine verbale Kommunikation nicht mehr möglich. In dieser Phase wurde mir, als ich neben ihr an ihrem Krankenbett saß, eine Erfahrung geschenkt, die mit dem mir geschenkten Glauben an den auferstandenen Gekreuzigten im Zusammenhang steht; eine Erfahrung, die ich beschreiben könnte, aber nicht beschreiben möchte. Und ich bin ganz gewiss kein wundersüchtiger religiöser Schwärmer. Die Tragik des zum Tod führenden Leidens wurde dadurch nicht im Geringsten entschärft, an ihrer äußersten Hilfsbedürftigkeit und an meiner äußersten Hilflosigkeit hat sich dadurch nichts geändert.

Simone Weil und Etty Hillesum waren zumindest in der letzten Phase ihres Lebens von einer atemberaubenden Gottesgewissheit durchdrungen. Das fällt schon bei einer nur vorläufigen Sichtung ihrer Schriften sofort ins Auge. „Religiös unmusikalische Menschen" (Jürgen Habermas) waren sie ganz eindeutig nicht. Schon eine erste Vermutung lässt naheliegend erscheinen, dass ihre Rede von einem ohnmächtigen Gott (mit freilich ganz individueller Schwerpunktsetzung) im Zusammenhang mit ihren Glaubenserfahrungen steht und ohne diesen Zusammenhang nicht sinnvoll abgehandelt werden kann.

Daher gilt es, auch das Thema der Möglichkeit der gnadenhaften Transzendenzerfahrung in den Blick zu nehmen. Der Theologe Karl Rahner und der Sozialphilosoph Hans Joas haben zur Möglichkeit einer rational nachvollziehbaren Rede auch darüber, nach meiner Einschätzung, bahnbrechende Gedanken entwickelt.

Diese Arbeit widme ich Herrn Universitätsprofessor Dr. Johann Werner Mödlhammer und Herrn Pfarrer Dr. Eduard Röthlin. Ich bin beiden geistlichen Herren sehr dankbar. Dem emeritierten Fundamentaltheologen und Ökumeniker der Universität Salzburg, Dr. Mödlhammer, verdanke ich die Begegnung mit Dietrich Bonhoeffer und Simone Weil. Herr Pfarrer Monsignore Dr. Röthlin war mein menschenkundiger Ausbildungsleiter im seinerzeitigen Diakonatskreis.

Die je unvergleichliche Feinsinnigkeit und Tiefsinnigkeit beider Herren beeindrucken mich mit zunehmendem Alter in zunehmendem Maße.

II. Die theologischen und philosophischen Grundlagen zur Möglichkeit einer Rede über Transzendenzerfahrungen

1 Die Unverzichtbarkeit der anthropologischen Wende und seiner Lehre von den anonymen Christen in der Theologie Karl Rahners für die Entfaltung des gewählten Themas

„Die christliche, echte katholische Glaubenswahrheit von der Menschwerdung des ewigen Wortes des Vaters [. . .] bedeutet, dass Gott in alle Ewigkeit Mensch ist, so dass wir in alle Ewigkeit von diesem Gott nicht mehr recht denken und aussagen, wenn wir nicht das hinzu denken, was wir alle auch sind. *Es gibt in Ewigkeit keine Theologie mehr, die nicht Anthropologie wäre*“[6]

Dieser Kernsatz in der Theologie Karl Rahners stellt eine verheißungsvolle Ermutigung dar, immer wieder nach je einzigartigen Menschen Ausschau zu halten, in deren Leben die Wirklichkeit Gottes in dieser konkreten Welt erscheint, sich enthüllt. Das stellt eine geradezu atemberaubende Verheißung über die Möglichkeiten des Menschen und seine daraus erwachsende einzigartige Würde dar.

Sie fügt sich ein in den Rahmen des transzendentalen Ansatzes Karl Rahners – weil der Mensch von Gott als sein geliebtes Gegenüber erschaffen wurde (Gen 1,27), ist im Menschen die Bedingung der Möglichkeit der kategorialen Gotteserfahrung angelegt. Was unter dem Theologoumenon von der grundsätzlichen (transzendentalen), aber auch konkreten (kategorialen) Möglichkeit der gnadenhaften Transzendenzerfahrung des Menschen zu verstehen ist, wird abrisshaft im Kapitel V.6. bei der Deutung der Lehre Simone Weils von der Barmherzigkeit als ausschließlich göttlicher

6 Rahner, Der Leib in der Heilsordnung 167 (Hervorhebung R. D.).

Eigenschaft im Licht der Lehre Karl Rahners von der Einheit von Nächsten- und Gottesliebe dargestellt.

Der am Beginn dieses Kapitels zitierte Satz Rahners bedeutet aber nicht nur, dass jede Rede von Gott auch den Menschen im Blick haben muss, sondern dass umgekehrt auch jede Rede vom Menschen, bei der Gott ausgeblendet wird, ihr Ziel verfehlt. Das entspricht der eindeutigen Position Rahners in dem bezeichneten Aufsatz:

„Dort also, wo wir christlich im letzten, radikalsten und absolutesten Sinne von Menschen, nicht von der Geistigkeit des Menschen, sondern vom fleischlichen Menschen, von der *sarx*, die immer den ganzen Menschen meint, aber in seiner Konkretheit, in seiner Leibhaftigkeit – reden müssen und wollen, müssen wir im Grunde genommen von Gott reden.“[7]

Der im Kapitel IV vorgestellte japanische Theologe Kazoh Kitamori schreibt dazu in seiner „Theologie des Schmerzes Gottes“ unvergleichlich prägnant:

„Nur ein ‚Gotteskenner‘ ist ein wirklicher ‚Menschenkenner‘.“[8]

Diese Verschränkung der Rede von Gott und der Rede vom Menschen ist Folge der Inkarnation, der Menschwerdung des göttlichen Logos, also Gottes selbst. Es ist klar, dass es sich dabei um ein Spezifikum des christlichen Glaubens im Unterschied zu allen anderen Religionen handelt. Schon aus dem bisher Gesagten ergibt sich aber, dass die Rede vom Menschen in der unerlässlichen Verschränkung mit der Rede von Gott immer alle Menschen, das gesamte Menschengeschlecht, im Blick hat.

Es stellt aber wohl ein unabdingbares Merkmal des christlichen Glaubens dar, von der umfassenden Heilsmittlerschaft Jesu Christi, als des in die Welt hineingesagten Logos des Vaters und dessen Inbild, überzeugt zu sein. Wie kann man nun das unbedingt Gute, Wahre und Schöne, das sich selbstverständlich auch im Verhalten von nicht an Jesus Christus als den Sohn Gottes glaubenden Menschen immer wieder zeigt und den Raum der Kirche bei weitem übersteigt, erklären, also die Enthüllung einer Gotteswirklichkeit bei Menschen, die nicht an Jesus Christus glauben, wenn nach dem Glauben der Christen Jesus Christus als der Weg und die Wahrheit und

---

7 Ebd. 162.

8 Kitamori 137.

das Leben (Joh 14,6), der Ursprung alles Guten, Wahren und Schönen ist, sich in ihm also die Fülle der Gottheit zeigt?

Es ist daher geboten, wegen des folgenden Zusammenhanges (Etty Hillesum war keine Christin; Simone Weil war wohl eine hervorragende Christuszeugin, fraglich ist aber, ob sie die Schwelle zur Kirche wirklich überschritten hat) kurz auch auf *Rahners Lehre von den anonymen Christen* einzugehen.

Rahner hat diese Lehre in den mehrfachen Anläufen vor und nach dem Zweiten Vatikanum immer wieder aufs Neue entfaltet.[9] Sie gehört unabdingbar in die Verschränkung der Rede vom Menschen mit der Rede von Gott hinein und fügt sich in den genannten transzendentalen Ansatz, weil sie das Menschsein vom alles umfassenden Horizont des Geheimnisses Gottes her denkt. Es geht dabei darum, der These, dass der Heilswille Gottes umfassend ist, gerecht zu werden, weswegen ein Heilsexklusivismus, gebunden an den Raum der katholischen Kirche, nicht mehr aufrechterhalten werden kann.

In der Pastoralkonstitution Gaudium et spes wird ausdrücklich gelehrt, dass nicht nur die Christgläubigen, sondern alle Menschen guten Willens, in deren Herzen die Gnade unsichtbar wirkt, dem österlichen Geheimnis von Tod und Auferstehung verbunden sind.

> „Da nämlich Christus für alle gestorben ist und da es in Wahrheit nur eine letzte Berufung des Menschen gibt, die göttliche, müssen wir festhalten, dass der Heilige Geist allen die Möglichkeit anbietet, diesem österlichen Geheimnis in einer Gott bekannten Weise verbunden zu sein.“ (GS 22)

Rahner entwickelt bei dieser Rede vom anonymen Christen zunächst eine ekklesiologische Binnensprache (im Sinne Wittgensteins ein eigenes „Sprachspiel“), mit der, den von der unverzichtbaren Heilsmittlerschaft Jesu Christi überzeugten Gläubigen, erklärt werden soll, wie die nicht explizit an Jesus Christus Glaubenden an ihm und damit am Geheimnis Gottes Anteil haben können, ja für dieses Geheimnis Gottes sogar als Zeugen eintreten können. Deswegen kann darin keine unzulässige Vereinnahmung erblickt werden; ein Vorwurf, der ja naheliegend erhoben werden könnte und wird, aber von der Prämisse her zu kurz greift. Natürlich kann die Zuschrei-

---

[9] Siehe beispielsweise Rahner, Die anonymen Christen.

bung „anonymer Christ“ als vereinnahmend missdeutet werden. Wenn aber auch Rahner kein besserer Begriff eingefallen ist, wäre es vermessen, ihn korrigieren zu wollen, zumal inzwischen ein feststehender Sprachgebrauch vorliegt. (Die „List des Heiligen Geistes“ liegt wohl auch hier darin, uns immer wieder aufs Neue zu motivieren, niemals bloß an plakativen Zuschreibungen hängen zu bleiben, sondern immer wieder dem eigentlich Gemeinten auf den Grund zu gehen.)

Vor dem Hintergrund dieser Überlegungen ist es also nicht nur sinnvoll, sondern geradezu geboten, immer wieder nach Menschen Ausschau zu halten, bei denen die Spuren Gottes besonders deutlich sichtbar werden, gleichviel ob sie getauft sind, oder auch nicht.

Das können selbstverständlich auch ganz „normale“ Menschen sein, die uns im Alltag begegnen. Für eine theologische Arbeit ist es aber naturgemäß zweckdienlich, wenn schriftliche Werke vorliegen, die eine gedankliche Auseinandersetzung mit ihnen zulassen.

Die vorliegende Arbeit beschäftigt sich aus der bezeichneten Motivation heraus mit dem Werk und dem Leben zweier Zeitgenossinnen, die voneinander mit Sicherheit nichts gewusst haben, aber dessen ungeachtet (freilich in sehr verschiedener Weise) in ihren schriftlichen Zeugnissen Gedanken über einen leidenschaftlichen und zugleich ohnmächtigen und leidenden, ja sogar einen Gott im Unglück, entfalten.

Es handelt sich bei den beiden Frauen jüdischer Herkunft, die beide nicht Theologinnen gewesen sind, um die Französin Simone Weil und die Holländerin Etty Hillesum.

Vor der Beschäftigung mit diesen Glaubenszeugen möchte ich aber noch auf Überlegungen des 1948 geborenen deutschen Sozialphilosophen Hans Joas zur Selbsttranszendenz verweisen, weil ich sie als Ergänzung und fruchtbringende Weiterführung des geschilderten transzendentalen Ansatzes Karl Rahners für das gestellte Thema ansehe.

2 Hans Joas' Theorie von der Selbsttranszendenz als Weg von der Ichfixierung in die Transzendenz

In seinem Werk „Braucht der Mensch Religion? – Über Erfahrungen der Selbst-transzendenz“ bietet Hans Joas ebenfalls einen induktiven Ansatz zur Erklärung der Möglichkeit einer Transzendenzerfahrung.

Zunächst setzt er sich, durch eine negative Abgrenzung, mit in religiösen Kreisen weithin beliebten Erwägungen zum Nutzen des Glaubens an Gott im Zusammenhang mit den Kontingenz- bzw. *Ohnmachtserfahrungen,* die Menschen im Zuge ihres Lebens machen, auseinander. Er lehnt diese Überlegungen nicht schlechthin ab, verweist aber darauf, dass diese, in der berühmten Wette Pascals gipfelnden, Erwägungen niemals Glauben begründen können.

> „Wir wissen, dass das Ergebnis eines rationalen Kalküls von keiner Intensität unserer seelischen Kräfte getragen wäre, und außerdem fiele Gott, wie William James einst schrieb, auf eine solche rationale Kalkulation auch nicht herein.“ Vielmehr „muss das ‚brauchen‘ etwas mit der Erfahrung zu tun haben, die wir Glauben nennen. Nicht ‚Ist die Religion etwas nütze?‘ ist also die Frage, sondern ‚Können wir ohne die Erfahrung leben, die im Glauben, in der Religion artikuliert wird?‘“[10]

Diese Erfahrungen nennt Joas Erfahrungen der Selbsttranszendenz, bei denen der Mensch von der Fixierung auf sich selbst herausgerissen und damit offen für „etwas“ wird, das nicht religiös gedeutet werden muss, aber die Basis für eine religiöse Deutung sein kann. Der nahe liegende Begriff des *„Ergriffenseins“* kommt ihm etwas altväterlich vor, bezeichnet aber meines Erachtens nichtsdestotrotz ein ganz wesentliches haptisches Moment, das, in einem übertragenen, aber sehr tiefen Sinn, dem Wesen des Menschen als Leibwesen entspricht.[11]

Diese Einsichten in die Conditio Humana und die damit verbundene existenzielle Rede entsprechen aber der anthropologischen Wende in der Theologie Karl Rahners. Sein großer Gedanke, dass alle Rede von Gott zwangsläufig mit der Rede von Menschen verbunden ist, ist ja nicht zufällig in besonders prominenter Weise im bezeichneten Aufsatz über die Leiblichkeit des Menschen zu finden. Dem transzendentalen Ansatz Rah-

---

[10] Joas 16f.

[11] Vgl. ebd. 17.

ners entspricht die These von Joas, wonach der Glaube an Jesus Christus auf einem allen Menschen möglichen Gottesbewusstsein fußt.[12]

Es ist für mich auch vollkommen überzeugend, dass die Möglichkeit der Selbsttranszendenz des Menschen nicht quasi automatisch als ethisch gut gedeutet werden kann. Insbesondere die von Joas, neben positiv zu wertenden Beispielen, erwähnte kollektive Ekstase, als Möglichkeit der Erfahrung einer Selbsttranszendenz, ist im höchsten Maße auch problematisch. Man muss sich nur die entsprechenden Wochenschauaufnahmen über die Massenveranstaltungen mit Hitler im Dritten Reich in Erinnerung rufen, bei denen Hitler von männlichen und weiblichen Adoranten eine bedingungslose Verehrung entgegengebracht wurde.

Aber es bleibt dabei:

Das Moment des „Ergriffenseins" bezeichnet eine Möglichkeit des Menschen, aus einer narzisstischen Selbstfixierung herausgerissen zu werden. Diese Möglichkeit legt es nahe, an die Lehre Martin Luthers von der Überwindung des „cor curvum in se" durch die unverfügbare Gnade Gottes zu denken.

Joas verweist auch vollkommen zutreffend darauf, dass eine religiöse Deutung von Entgrenzungserfahrungen naturgemäß nur anhand eines entsprechenden Deutungsmusters möglich ist, das vollkommen selbstverständlich niemals zwingend herangezogen werden muss.[13] Gott lässt sich eben niemals beweisen, weil das seiner bleibenden Geheimnishaftigkeit und alle Vorstellungen übersteigenden Unverfügbarkeit widerspräche.

Wir sollten dankbar sein, dass uns Gott nicht zwingt, ihn zu erkennen. Diese Position vertritt Immanuel Kant unüberholbar und bleibend gültig, wenn er in seiner Kritik der praktischen Vernunft schreibt:

„Aber statt des Streits, den jetzt die moralische Gesinnung mit den Neigungen zu führen hat, in welchem nach einigen Niederlagen doch allmählich moralische Stärke der Seele zu erwerben ist, würden *Gott* und *Ewigkeit* mit ihrer *furchtbaren Majestät* uns unablässig *vor Augen* liegen (denn was wir vollkommen beweisen können, gilt in Ansehung der Gewissheit uns soviel, als wovon wir uns durch den Augenschein versichern)."[14]

---

[12] Ebd. 28.

[13] Ebd. 23.

[14] Kant, Kritik der praktischen Vernunft 168.

Joas entwickelt Kriterien für die Möglichkeit entsprechender Deutungsmuster für die Beurteilung von Entgrenzungserfahrungen. Dabei schildert er drei weiterführende Beobachtungen.

Zunächst verweist er der Sache nach auf den Unterschied zwischen einer bloßen Beobachter- und einer Teilnehmerposition. Die für den bloßen Beobachter bleibende Differenz zwischen Erfahrung und Deutung gilt nicht notwendig für den Erlebenden, wenn er die Erfahrung einer (subjektiven) ‚Offenbarung' macht, wenn es ihm plötzlich gelingt, etwa das lösende Wort zu finden, in dem plötzlich alles klar wird und die Erfahrung restlos im Ausdruck aufgeht.[15] (wenn also, mit anderen Worten, die Erfahrung nicht nur beobachtend geschildert, sondern in der Wirklichkeit der Sprache lebendig wird).

Zweitens verweist er der Sache nach auf den Symbolgehalt von Sprachen, Kulturen und Religionen, die reichhaltige Repertoires für die Artikulation von Erfahrungen beinhalten. So wie die vorhandenen Deutungsmuster immer schon erfahrungdurchsetzt sind, sind unsere Erfahrungen nie völlig unabhängig von Deutungen und Erwartungen.[16]

Drittens ist für die Identifikation der religiösen Erfahrungen ausschlaggebend, dass uns erst bestimmte Deutungen (und die damit verbundenen Haltungen) ermöglichen, entsprechende Erfahrungen zu machen. Joas schildert sehr schön und berührend (und gerade dadurch überzeugend) den Vorgang des Verliebens oder den Aufbau von Vertrauen im Allgemeinen als Beispiel:

> „Wer kalt und defensiv wartet, um von anderen sichere Zeichen der Liebe zu erhalten, wird meist vergeblich warten […]. Ich muss mich selbst für ‚liebenswürdig' und den anderen für ‚liebesfähig' halten, damit Liebe entstehen kann.
>
> *Ohne den ungesicherten Sprung in die Liebe entsteht sie nicht. So ist es auch beim Glauben.* Wenn wir der Vorschrift folgen, nur das zu glauben, was uns die alltägliche Erfahrung schildert, dann schließen wir uns von allen außeralltäglichen Erfahrungen ab."[17]

In diesem Zusammenhang schildert er sogar (für einen zeitgenössischen Sozialphilosophen, wie ich meine, sehr wagemutig, zumal er dabei aus-

---

[15] Joas 23f.

[16] Ebd. 24.

[17] Ebd. 24 (Hervorhebung R. D.).

drucksstark sogar das Substantiv „das Beten" verwendet) die Möglichkeit eines religiösen Erlebens im Zusammenhang mit dem Gebet.[18] Und es finden sich bei ihm nicht zufällig, sondern mit dem Glauben an einen unfassbar barmherzigen Gott untrennbar verbunden, auch Überlegungen zum Thema dieser theologischen Arbeit. Er verweist auf die Möglichkeit eines ‚Atheismus der Tiefe' im Gegensatz zu einem Glauben, der eine nur falsche Beruhigung dargestellt, weil er Fragen scheinbar beantwortet, die offen bleiben müssen.

Dabei wird von ihm zunächst die Theodizee-*Problematik* angesprochen:

„Selbst große Denker wie Max Weber haben gemeint, Religionen hauptsächlich als Lösungen der Theodizee-Problematik verstehen zu müssen, der Frage also, warum Gott das Böse und das Leid zulasse."[19]

Joas stellt sehr deutlich infrage, Religionen, insbesondere aber das Christentum in diesem Sinn zu funktionalisieren. Er trifft sich dabei inhaltlich mit Simone Weil, aber vor allem mit Etty Hillesum.

Joas verweist weiters auf das ergreifende Lied Paul Gerhardts

> ‚O Haupt voll Blut und Wunden',
> dessen sechste Strophe lautet:
>
> ‚Wenn ich einmal soll scheiden, so
> scheide nicht von mir.
> Wenn ich den Tod soll leiden, so
> tritt Du dann herfür!
> Wenn mir am allerbängsten wird um das Herze sein,
> so reiß mich aus den Ängsten kraft Deiner Angst und Pein.'

In der letzten Zeile dieser Strophe spricht „der" Dichter der evangelischen Christus-Mystik aus der Zeit des Barock in geradezu atemberaubender Weise (Joas verwendet sogar den Ausdruck „sensationell") an, dass der Christenmensch in seiner äußersten existenziellen Not seine Hoffnung nicht auf einen „Deus ex machina" (ein Ausdruck Bonhoeffers[20]) setzt, der in mirakulöser Weise das Leiden und die Ohnmacht überwindet, indem er

[18] Ebd. 25.
[19] Ebd. 29.
[20] Vgl. DBW 8, 407.

die Feinde mit übermächtiger Kraft niederstreckt. Der Christ wendet sich vielmehr an einen, der selbst die äußerste Ohnmacht und Todesangst ganz durchlitten hat.

„Der Glaube, dass Gott selbst in menschlicher Gestalt meine Angst durchlitten hat, macht es mir möglich, diese Angst in meinen *Lebensmut* hineinzunehmen.“[21]

Mit voller Überzeugung möchte ich Joas zustimmen, dass es der Glaube erlaubt, auch in angsterfüllten Situationen immer wieder neu die Erfahrung eines Aufgefangenwerdens in der göttlichen Liebe zu machen. Eines Aufgefangenwerdens, das nichts mit einem „billigen“ Trost zu tun hat. Dabei ist es ihm besonders wichtig, das „immer wieder neu“ zu betonen. Es handelt sich bei dieser von Gott geschenkten Haltung also um ein prozesshaftes, dynamisches, lebendiges Geschehen, nicht um einen Besitz im Sinn von „jetzt verfüge ich darüber ein für alle Mal“.

„Die moralischen Dilemmata verschwinden nicht durch den Glauben, als habe Gott dafür gesorgt, dass keine Konflikte zwischen Werten oder zwischen moralischen Verpflichtungen für den Gläubigen auftreten könnten. Auch die historische Tragik verschwindet nicht, als gebe es plötzlich nur noch eine grandiose Heilsgeschichte, in der alle Schrecken und Fehlschläge der Geschichte ihren guten Sinn gewinnen.“[22]

Zum zuletzt erwähnten Punkt ist auf die Äußerung von Simone Weil im Brief an Joë Bousquet vom 12. Mai 1942 zu verweisen, nach der die göttliche Liebe, die man am Grund des Unglücks berührt und die, wie die Auferstehung Christi durch die Kreuzigung hindurch das nicht-sinnliche Wesen und den innersten Kern der Freude ausmacht, *keine Tröstung ist. „Sie lässt den Schmerz völlig intakt.“*[23]

In ihren späten Aufzeichnungen ab dem Oktober 1942 schreibt sie dazu:

„Gott hat anstelle des Menschen gelitten – das bedeutet nicht, Christi Unglück habe auch nur um das Geringste das Unglück der Menschen vermindert, sondern dass durch Christi Unglück [...] das Unglück jedes Unglücklichen Bedeutung

---

21 Vgl. Joas 29f (Hervorhebung R. D.).

22 Ebd. 30.

23 ZfG 147 (Hervorhebung R. D.).

und Wert der Sühne annimmt, wenn er es nur wünscht. Das Unglück nimmt also einen unendlichen Wert an, der nur von Gott kommen kann."[24]

Solche Einsichten vermitteln ganz gewiss keinen billigen Trost, mit dem das Leiden relativiert wird. Sie führen vielmehr in die Mitte der Kreuzestheologie hinein.

In den letzten Jahren hat sich, Zeitungsberichten zufolge, im Zusammenhang mit der Fähigkeit, Schrecken und Fehlschläge zu ertragen, der Ausdruck „Resilienz" eingebürgert. Damit ist gemeint, ein Durchhaltevermögen, die Fähigkeit auch lebensfeindliche Situationen durchstehen zu können. Dagegen ist gar nichts einzuwenden, allerdings darauf hinzuweisen, dass diese Fähigkeit von den an Jesus Christus als den auferstandenen Gekreuzigten Glaubenden als Wirksamkeit seiner Auferstehungswirklichkeit gedeutet werden kann, die sich immer wieder ganz konkret auch in diesem Leben zeigt; eine Wirksamkeit der Auferstehungswirklichkeit, die sich etwa auch in der Fähigkeit zeigen kann, zutiefst bösartigen politischen Systemen zu widerstehen. Im letzten Kapitel dieser Arbeit wird darauf näher eingegangen.

[24] Cahiers IV 145.

III. Zwei Zeuginnen für einen ohnmächtigen, leidenden und hilfsbedürftigen Gott: Simone Weil und Etty Hillesum

„Zeugnis für das Gute" lautet der deutsche Titel einer Sammlung verschiedener Schriften Simone Weils (1909–1943). Mit dem gleichen Titel könnte man ohne Abstriche auch Leben und Werk Etty Hillesums (1914–1943) charakterisieren. Sie bezeugen beide, jedenfalls in den letzten Jahren ihres Lebens, ihren Glauben an einen Gott, der sie gerade in ihren Ohnmachtserfahrungen begleitet. Sie wurden nach der Jahrhundertwende noch vor dem Beginn des Ersten Weltkrieges in einem Abstand von wenigen Jahren geboren und waren Opfer Hitlers und seines Systems, was zumindest mittelbar auch für Simone Weil gilt.

Sie starb am 24. August 1943 mit 34 Jahren in einem Sanatorium in Ashford/Kent, also eigentlich im sicheren Exil. Als Todesursache wurde vermerkt: „Versagen des Herzens infolge Herzmuskelschwäche, verursacht durch Auszehrung und Lungentuberkulose".[25] Man könnte aber auch sagen, dass sie aufgrund der exzessiven Askese verhungert ist, die sie sich als Zeichen der Solidarität mit allen notleidenden Zeitgenossen auferlegt hat.

Etty (eigentlich Ester, sie wurde aber stets Etty genannt) Hillesum wurde aufgrund ihrer jüdischen Herkunft im Alter von 29 Jahren in der Gaskammer in Auschwitz ermordet. Als Todestag gilt der 30. November 1943. Ihre Eltern und ihr Bruder Mischa teilten dieses Schicksal; der andere Bruder Jap ist am Kriegsende an den Folgen der KZ-Haft verstorben.[26]

Beide Frauen waren außergewöhnlich begabte, hochintellektuelle Menschen und haben jeweils ein schriftliches Werk hinterlassen, dessen Wirk-

[25] ZfG 296.

[26] Feldmann in seiner Einleitung zu Hillesum 20.

samkeit sich in der Fortdauer immer mehr verstärkt, nachdem es lange Zeit (dies gilt insbesondere für Etty Hillesum) nicht zur Kenntnis genommen und nicht gewürdigt wurde. Sie waren bereit, sich auch mit ihrem Leben für die von ihnen als gut erkannten Ziele einzusetzen.

Für beide Frauen gilt, dass sie in ihrem Leben Mystik und Politik vereinigt haben. Dabei sind beide Begriffsfelder in einem sehr großzügigen, weiten und zugleich tiefen Sinn aufzufassen. Es gilt sinngemäß auch für Simone Weil und Etty Hillesum, was Carl Friedrich von Weizsäcker auf der ersten großen Gedenktagung für Bonhoeffer zu dessen 70. Geburtstag in Genf 1976 gesagt hat: Bonhoeffers ‚letzte Wendung' in ‚Widerstand und Ergebung' wurde als ‚Sichtöffnung durch die Nähe des Todes', ähnlich dem späten Werk der früh verstorbenen Schubert und Mozart, charakterisiert.[27]

Vorweg ist zu sagen, dass die Auswahl der beiden Frauen im Zusammenhang mit dem gestellten Thema nicht zufällig erfolgt ist. Im Einzelnen wird darauf noch einzugehen sein.

Die Rede von einem wegen seiner Ohnmacht *hilfsbedürftigen* Gott findet sich explizit in den als ihrem einzigen Werk hinterlassenen Tagebuchaufzeichnungen und Briefen Etty Hillesums (in erstaunlichem Gleichklang mit dem (Spät-)Werk Dietrich Bonhoeffers und nahezu zur gleichen Zeit). Aber auch im Werk Simone Weils ist dieser sehr herausfordernde Gedanke vielfach zu finden. Die Herausforderung liegt darin, dass die Rede von einem ohnmächtigen, hilfsbedürftigen Gott mit der üblicherweise als selbstverständlich vorausgesetzten Prädikation eines allmächtigen Gottes nur sehr schwer in Einklang zu bringen ist und die Gefahr besteht, sich bei der Abgrenzung oder auch Verschränkung dieser beiden Begriffe in scholastischen Spitzfindigkeiten zu verlieren.

Es ist auch vorweg klarzustellen, dass die Rede von einem ohnmächtigen Gott nicht mit der Rede von einem leidenden oder leidenschaftlichen Gott gleichgesetzt werden darf. Die schon oben angesprochene Verschränkung der Rede von Gott mit der Verschränkung der Rede vom Menschen legt es zwar nahe, Leidenserfahrungen mit Ohnmachtserfahrungen zu verbinden und diese Verbindung auf Gott in *analoger Rede* zu übertragen.

[27] Feil, Geleitwort zur fünften Auflage X.

Da es sich um eine analoge Rede handelt, ist die grundliegende Lehre des vierten Laterankonzils 1215 als eine der Spitzenaussagen der scholastischen Theologie nahezu zwangsläufig in Erinnerung zu rufen:

„Zwischen Schöpfer und Geschöpf kann keine noch so große Ähnlichkeit erkannt werden, dass zwischen ihnen nicht eine je größere Unähnlichkeit festzustellen ist.“[28]

Das entspricht der erwähnten Lehre Karl Rahners von der bleibenden Geheimnishaftigkeit Gottes. Die bleibende Verpflichtung des Theologen zur Gottesrede mit intersubjektiver Überzeugungskraft wird dadurch nicht eingeschränkt.

Die deutliche Differenzierung der beiden zuletzt genannten Prädikationen in der Gottesrede ergibt sich eindeutig aus einem spezifisch christologischen Blickwinkel:

Das neugeborene Jesuskind ist schon uneingeschränkt die Inkarnation des göttlichen Logos. Der Säugling ist zwar ohnmächtig und in äußerstem Maße hilfsbedürftig, aber allein deswegen noch nicht leidend. Umgekehrt ist der leidende Mensch oft, aber nicht zwangsläufig, ohnmächtig. Wenn aber Leidens- und Ohnmachtserfahrungen häufig miteinander verbunden sind, ist es nicht sinnvoll, diese beiden Gottesprädikationen vollkommen isoliert voneinander zu denken.

Der entscheidende Grund für eine Verschränkung dieser beiden Gottesprädikationen bei vorgängiger gedanklicher Differenzierung ergibt sich aber aus einer spezifisch kreuzestheologischen Betrachtungsweise:

Wenn Gott in der Person des Sohnes am Kreuz unter einem litt und ohnmächtig war, enthüllt sich *darin* eine unteilbare Verschränkung, an der die Rede von Gott nicht vorbeigehen kann. Mit der Prädikation der Leidenschaftlichkeit wird die Intensität, die unvergleichliche Tiefe der Liebe Gottes angesprochen. Die Überlegungen des japanischen Theologen Kazoh Kitamori zu dieser Gottesprädikation sind für ein besseres Verständnis der Gottesrede der beiden Protagonistinnen hilfreich, weil damit auch die Fülle der von ihnen erlebten Barmherzigkeit Gottes thematisiert wird.

Wegen der schon in der Einleitung unter Hinweis auf Johann Baptist Metz angesprochenen, schwer aufhebbaren Verschränkung von Leben und

[28] DH 806.

Werk ist es geboten, bei der Darstellung ihres Werkes zumindest abrisshaft auch auf das Leben der zwei Glaubenszeuginnen einzugehen, um auch damit einen hermeneutischen Schlüssel für ihr Werk anzubieten. Sie haben in ihrem und durch ihr Leben die von ihnen gefundene Wahrheit, also die von ihnen als solche erkannte Wirklichkeit Gottes, *bezeugt*.

Diese *Zeugenschaft* (es liegt auf der Hand, dass es sich dabei um einen spezifisch forensischen Begriff handelt) veranlasst mich, noch einmal einen Zusammenhang mit meiner früheren richterlichen Tätigkeit herzustellen.

Es bedarf keiner weitwendigen Erklärung, dass ein Richter die von ihm im Einzelfall anzuwendenden rechtlichen Bestimmungen nicht nur oberflächlich zu kennen, sondern auch gedanklich zu durchdringen hat. Allerdings steht in der Praxis des (österreichischen) Strafverfahrens das Problem der Beurteilung der Glaubwürdigkeit von Zeugen und Beschuldigten im Vordergrund. Dies gilt auch für das einzelrichterliche Strafverfahren, in dem die Mehrzahl der angeklagten Straffälle zu erledigen ist. Es ist dabei nach dem abgeführten Beweisverfahren und nach den Schlussvorträgen bzw. Erklärungen des Anklägers, der Verteidiger und der Beschuldigten sofort eine mündlich zu verkündende Entscheidung zu treffen.

Wenn nun nach einer Schlägerei auf dem Parkplatz vor einer Diskothek in den frühen Morgenstunden ein schwer alkoholisierter Schwerverletzter am Boden liegen geblieben ist und vielleicht drei Beschuldigte niemandem auch nur ein Haar gekrümmt haben wollen, ist guter Rat teuer.

Es wurden vielleicht 17 Zeugen vernommen; die Aussagen wichen zumindest zum Teil so weit voneinander ab, dass man meinen hätte können, es wären ganz verschiedene Vorfälle geschildert worden. Beinahe unwiderlegbare Sachbeweise sind in aller Regel nicht vorhanden.

Nun kann man natürlich ausweichen und die Beschuldigten aus Mangel an Beweisen freisprechen. Mitunter wird auch nichts anderes übrig bleiben, weil man sich auch der eigenen Begrenztheit in der Erkenntnismöglichkeit und der Anfälligkeit für Irrtümer bewusst sein muss, obwohl man weiß, dass die schweren Verletzungen nur durch gewaltsame Fremdeinwirkung entstanden sein können. Außerdem kommt es natürlich immer wieder vor, dass tatsächlich verfehlte Anklagen erhoben werden.

Für die Opfer bleibt dabei aber immer ein sehr bitterer Beigeschmack. Ich darf auf den entsprechenden Gedanken in der Einleitung verweisen.

Wenn nun neben den objektivierten Verletzungen letztlich nur die Aussagen der Zeugen und Beschuldigten übrig bleiben, die oft weit voneinander abweichen, wird man ihnen differenzierend entweder die Glaubwürdigkeit absprechen oder ihnen Glauben „schenken".

Im Wort „schenken" enthüllt sich aber eine tiefe Sprachwirklichkeit. Wir schenken „etwas", das wir nicht schulden und empfangen „etwas" als Geschenk, auf das wir keine Ansprüche erheben können. Ein erzwungenes Geschenk ist kein Geschenk. Wenn wir jemandem Glauben schenken, oder wenn uns jemand Glauben schenkt, ist das kein zwangsläufiger Vorgang. Bei allem selbstverständlich unverzichtbaren Bemühen, die Entscheidung für oder wider intersubjektiv überzeugend ins Wort zu fassen, also darzustellen, dass es sich dabei um weit mehr als um einen bloß willkürlichen Akt handelt, verbleibt immer ein Moment des Nichtwissens, aber doch mit guten Gründen Glaubens auch in dieser ganz und gar profanen Wirklichkeit. In diesem „Glauben schenken" enthüllt sich also auch in diesem scheinbar nur profanen Ereignis eine tiefere Beziehungswirklichkeit.

Wenn sich dann bei der Ausfertigung des schriftlichen Urteils, bei der es darum geht, die Entscheidung rational nachvollziehbar mit intersubjektiver Überzeugungskraft in das schriftliche Wort zu fassen, ganz im Sinn des Ansatzes von Hans Joas, also mehr als rational fassbar, aber deswegen nicht irrational, ein „Ergriffensein" im Sinn von „so war es und nicht anders" einstellt, dürfte die Entscheidung mit hoher Wahrscheinlichkeit richtig gewesen sein.

Im Vorgriff auf Simone Weil und einen ganz entscheidenden Topos ihres Denkens deute ich dieses Ergriffensein als einen Widerhall des Bemühens, die Wahrheit zu suchen; in welchem Zusammenhang auch immer, selbstverständlich aber auch im Zusammenhang mit der im Strafverfahren geltenden Verpflichtung des Richters zur Erforschung der sogenannten materiellen Wahrheit, also dessen, was sich wirklich ereignet hat.

Dazu schreibt Simone Weil in ihren um den 15. Mai 1942 verfassten Brief an den Dominikanerpater Jean-Marie Perrin (ihrer nach Reiner Wimmer „autobiographie spirituelle"[29], in der sie auch ihre mystischen Christusbegegnungen offenbart):

---

[29] Wimmer 139. Nach meiner Einschätzung „die" Schlüsselstelle in ihrem Werk.

„Christus liebt es, dass man ihm die Wahrheit vorzieht, denn ehe er Christus ist, ist er die Wahrheit. Wendet man sich von ihm ab, um der Wahrheit nachzugehen, so wird man keine weite Strecke wandern, ohne in seine Arme zu stürzen.“[30]

Vor dem Hintergrund dieser Überlegungen sage ich in der nur scheinbar ganz andersartigen theologischen Rede:

Ich schenke den zwei ausgewählten Glaubenszeuginnen Glauben (ohne deswegen alles bedingungslos zu akzeptieren, was sie geschrieben, gesagt oder getan haben) und möchte diese Überzeugung auch intersubjektiv überzeugend ins Wort fassen.

Dabei ist wiederum zu bedenken, dass beide Frauen keine Theologinnen (insbesondere keine systematischen Theologinnen) gewesen sind, was der Relevanz ihrer Gottesrede zwar keinen Abbruch tut, bei der Beurteilung aber doch nicht außer Acht gelassen werden darf.

Die am 3. Februar 1909 geborene Simone Weil war Philosophin. Bei ihren für das gestellte Thema relevanten Texten handelt es sich aber nicht um wissenschaftliche Abhandlungen im engeren Sinn mit einem entsprechenden Anmerkungsapparat. Auch wenn sie Bibelstellen übernimmt, gibt sie, soweit ich das überblicke, keine Fundstellen an. Ihr Sprachduktus lässt darauf schließen, dass sie in einem Zug und wie inspiriert schreibt; ob nur scheinbar oder anscheinend, möchte ich zunächst einmal offen lassen. Sie verfasste noch viel weniger ein großes systematisches philosophisches Werk; ihre Aufzeichnungen (cahiers) enthalten entweder Traktate oder sind aphorismen- und sentenzenhaft.

Das im Kapitel V.1. von ihr selbst bezeugte „Ringen um den Ausdruck, welches sich nicht nur auf die Form, sondern auf das Denken und das ganze innere Sein“ bezieht, legt es nahe, sich diesen Texten mit einer respektvollen Zurückhaltung ohne vorschnelle Deutungen zu nähern, um die gebotene analytische Klarheit nicht selbst in Frage zu stellen. Man sollte den Mut haben, Paradoxien stehen zu lassen und nicht vorschnell zu harmonisieren. Ansonsten könnte man die Tiefe ihrer Kreuzesmystik und ihrer schöpfungstheologischen Überlegungen auch nicht andeutungsweise erahnen. Eine fromme Rede im üblichen Sinn verbietet sich bei ihr ganz und gar.

---

[30] ZfG 112.

Das zuletzt Gesagte gilt, bei aller Verschiedenheit, auch für Etty Hillesum.

Die am 15. Jänner 1914 geborene Etty Hillesum war eigentlich absolvierte Juristin. Nach dem Abschluss des Jusstudiums studierte sie noch Slawistik mit dem Hauptgewicht Russisch, konnte dieses Studium nach dem Einmarsch der deutschen Wehrmacht in die Niederlande im Mai 1940 und den folgenden, ständig zunehmenden Schikanen gegen die jüdische Bevölkerung aber nicht mehr abschließen.[31]

Ihre Gottesrede ist ausschließlich in ihrem von 1941 bis 1943 verfassten Tagebuch samt einigen Briefen überliefert. Ihr Bemühen, ihre Gedanken in die rechte Form zu fassen, ist dadurch gekennzeichnet, dass sie ihre literarische Begabung entfalten und immer mehr zur Dichterin werden möchte.[32]

Ein literarischer Text erfordert aber eine besonders empathische „Lesart“ (ein für Simone Weil bezeichnender Ausdruck), die die analytische Klarheit ebenfalls nicht ausschließt, sondern fördert.

---

[31] Vgl. Smelik, Short biography XII.

[32] Vgl. ebd. XIII.

IV. Kazoh Kitamoris Theologie des Schmerzes Gottes als Form der Rede von einem leidenschaftlichen Gott

Papst Franziskus betete bei seiner Meditation in Yad Vashem am 26. Mai 2014:

> „an diesem Ort der Gedenkstätte an die Schoah hören wir diese Frage Gottes wieder erschallen: ‚Adam, wo bist du?'
>
> In dieser Frage liegt *der ganze Schmerz des Vaters*, der seinen Sohn verloren hat.
>
> Der Vater kannte das Risiko der Freiheit; er wusste, dass der Sohn verloren gehen könnte [...] doch vielleicht konnte nicht einmal der Vater sich einen solchen Fall, einen solchen Abgrund vorstellen!"[33]

Diese Meditation des Papstes zum Schmerz des Vaters am bezeichneten Gedächtnisort, nachdem er vorher sechs Überlebenden der Schoah die Hände geküsst hatte, ermutigt in besonderer Weise, sich mit der Theologie Kazoh Kitamoris auseinanderzusetzen.

Allerdings ist vorher auf die Stellungnahme Jan-Heiner Tücks zu dieser Meditation des Papstes zu verweisen.

Der Schmerz des Vaters um seinen verlorenen Sohn ist hier (wie sich aus dem Zusammenhang eindeutig ergibt) nicht christologisch, sondern anthropologisch zu verstehen und dürfte auf das Gleichnis vom barmherzigen Vater anspielen.[34] Tück erwähnt, dass Papst Franziskus wegen seiner Aussage „doch vielleicht konnte nicht einmal der Vater sich einen solchen Fall, einen solchen Abgrund vorstellen" von orthodoxiebeflissenen Kommentatoren als heterodox kritisiert wurde, weil er wagt, mögliche Grenzen des göttlichen Vorherwissens anzusprechen.[35]

[33] Papst Franziskus in Yad Vashem 7.

[34] Tück 558 .

[35] Ebd. 559.

Mir imponiert diese Aussage von Franziskus ungemein, weil er es auch als Papst wagt, im Sinne Bonhoeffers (siehe Anm. 124) anfechtbare Dinge zu sagen, wenn er etwa zu dem Abgrund an Bosheit, der sich in Auschwitz aufgetan hat, eine echte existenzielle Betroffenheit über theologische Lehrformeln hinaus ausdrücken will.

Im vorliegenden thematischen Zusammenhang deutet die Möglichkeit eines begrenzten göttlichen Vorherwissens in die Richtung eines ohnmächtigen Gottes. Die Rede vom Schmerz des Vaters geht darüber noch hinaus, weil hier eindeutig nicht nur von einer Möglichkeit, sondern von einer Wirklichkeit dieses Schmerzes gesprochen wird.

Papst Franziskus lässt damit die Vorstellung eines a-pathischen Gottes weit hinter sich.

Tück verweist auf Hans Jonas und dessen Lehre von einem ohnmächtigen Gott[36] und erinnert daran, dass schon Origines den griechischen Gottesbegriff von der biblischen Bundesgeschichte her aufgebrochen hat, indem er lehrte: ‚Ipse pater non est impassabilis – selbst der Vater ist nicht unbetreffbar.‘ Der alexandrinische Theologe habe die problematische Vorstellung abwehren wollen, der Vater habe sich in der Passion des Sohnes wie ein apathischer Zuschauer verhalten. In dieser Spur eines Patricompassianismus dürfte sich Franziskus bewegen.[37]

Die Überwindung des nicht nur problematischen, sondern (etwa vor dem Hintergrund des Gleichnisses vom barmherzigen Vater, Lk 15,11–32) vollkommen unangemessenen Bildes eines a-pathischen Gottes ist das Grundanliegen des 1916 geborenen japanischen Lutheraners und Theologen Kazoh Kitamori in seiner „Theologie des Schmerzes Gottes“.[38]

---

[36] Ebd. 558.

[37] Vgl. ebd. 559. Moltmann setzt sich mit dem großen Alexandriner selbstverständlich ebenfalls auseinander: „Er ist unter den griechischen und lateinischen Kirchenvätern der einzige, der theologisch vom ‚Leiden Gottes‘ zu sprechen wagte.“ (Trinität und Reich Gottes 39)

[38] Den Hinweis auf dieses 1946 erstmals erschienene Werk verdanke ich wiederum Herrn Professor Mödlhammer. Moltmann erwähnt Kitamori in allen drei in dieser Arbeit schon genannten Werken, und zwar auffällig stets im Zusammenhang mit Dietrich Bonhoeffer (Der gekreuzigte Gott 49; Trinität und Reich Gottes 51, Anmerkung 44, je unter Hinweis auf die erlebten Schrecken des Zweiten Weltkrieges; Der lebendigen Gott und die Fülle des Lebens 49).

Was versteht Kitamori unter dem Schmerz Gottes?

Er verbindet in seiner Rede vom Schmerz Gottes (der seiner Ansicht nach grundlegenden Befindlichkeit Gottes) einen grundliegenden Begriff der japanischen Tragödie, nämlich den des *„tsurasa"* mit einer Meditation über Jer 31,20 (und Jes 63,15).

Als ein dem japanischen Fühlen und Denken in besonderem Maße entsprechender Begriff dürfte eine Übersetzung ins Deutsche nicht leicht möglich sein. Tsurasa ist nach Kitamori weder Leiden noch Trauer, bezeichnet aber jedenfalls eine *Beziehungswirklichkeit*, die er als „Schmerz" bezeichnet.[39]

„Die für die japanische Tragödie grundlegende tsurasa verwirklicht sich da, wo einer sich selbst Leiden zufügt oder sich den Tod gibt, oder auch, wo einer sein geliebtes Kind leiden und sterben lässt, *um einen Dritten aus Liebe am Leben zu erhalten.* Zwar bemüht er sich, dieses Leiden zu beherrschen und zu verbergen. Dennoch ist aber zu gewissen Zeiten durch alle Anstrengungen hindurch die Klage seines Herzens zu vernehmen. Und wenn die Japaner diese Klage hören, fließen ihre Tränen vor tiefer Rührung. Nichts kann die Japaner so rühren wie diese Klage."[40]

Ganz im Sinn der in Kapitel II.1 aufgezeigten Verschränkung von Gottes- und Menschenrede leitet er aus dieser Aussage über eine zunächst scheinbar nur menschliche Beziehungswirklichkeit eine Aussage über die göttliche Beziehungswirklichkeit, also die trinitarische Wirklichkeit, ab, indem er den Begriff tsurasa vor allem mit Jer 31,20 in Beziehung setzt.

Jer 31,20 lautet bei ihm:

„Ist nicht Ephraim mein treuer Sohn und mein liebes Kind? Denn sooft ich ihm auch drohe, muss ich doch seiner gedenken; darum bricht mir mein Herz (schmerzt mich mein Herz), dass ich mich seiner erbarmen muss, spricht der Herr."

Kitamori schreibt auch als akademischer Theologe aus einer tiefen persönlichen „Ergriffenheit" im Sinn des Ansatzes von Hans Joas heraus, was sich auch in einer sehr pointierten Ausdrucksweise zeigt:

---

[39] Vgl. Kitamori 134 (mit Anm. 8) und 135.

[40] Ebd. 135 (Hervorhebung R. D.).

„Mir wurde der Schmerz Gottes als Herz des Evangeliums *geoffenbart.* [...] Jeremia hat die ‚tiefste Tiefe des Herzens Gottes gesehen‘ [...]. Weil es mir erlaubt wurde, mit ihm in die Tiefe des Herzens Gottes hinabzusteigen, bin ich von großer Dankbarkeit erfüllt.“[41]

Und es versteht sich wohl von selbst, dass eine Beschäftigung mit dem Schmerz Gottes, gerade wegen der selbstverständlichen Verpflichtung zur gedanklichen Klarheit und der damit verbundenen intellektuellen Redlichkeit, für einen an Gott glaubenden Menschen nicht ohne Betroffenheit geschehen kann. Das damit verbundene „Ergriffensein“ ermöglicht es erst, die Tiefe der Gedanken Kitamoris zu erahnen und ins eigene Wort zu fassen.

Er sieht in Jeremia den Paulus des Alten und in Paulus den Jeremia des Neuen Testamentes. Ganz im Sinn der Anschauung Simone Weils und Moltmanns ist auch für ihn dafür der Galaterbrief ein (weiteres) entscheidendes Zeugnis, das Herz des Evangeliums zu entdecken; er möchte mit seinem Werk in der Nachfolge des Jeremia und des Paulus ‚die Tiefe Gottes erforschen‘.[42]

Er verweist bei dem Versuch einer negativen Abgrenzung unter Zitierung deren Literatur auf Luther und Calvin und darauf, dass der ‚Schmerz‘ bei Luther und ‚dolor‘ bei Calvin niemals als etwas Sentimentales anzusehen sind. Wie immer man den Schmerz auch sehen mag, das Wort Sentimentalität trifft auf keinen Fall auf ihn zu.

„Denn unter allen uns bekannten Wirklichkeiten ist der Schmerz Gottes die gewaltigste.“[43]

Hier begegnet man wieder der schon erwähnten, ungemein pointierten Ausdrucksweise, die seiner Ergriffenheit wegen der ihm geschenkten Erkenntnis entspricht. Er setzt seine Erkenntnis bei der Rede von einem leidenschaftlichen Gott leidenschaftlich ins Wort. Wenn man diese Eigentümlichkeit seiner Sprache nicht mit ins Kalkül zieht, könnte man in die Irre gehen.

Das erweist sich auch bei der ja zunächst irritierenden Aussage, es sei Gott auf keine Weise möglich, uns unsere Sünden zu vergeben und

41 Ebd. 15 (Hervorhebung R. D.).

42 Vgl. ebd. 15f.

43 Ebd. 155.

einzuhüllen. Dabei verweist er beispielsweise auf: ‚Ich ertrage nicht‘ (Jes 1,13). ‚Ich bin des Erbarmens müde‘ (Jer 15,6).[44] Er will damit die vielen Aussagen im Alten Testament über den Zorn Gottes ernst nehmen:

„Dieser Zorn Gottes ist eine harte Wirklichkeit. Christlich ausgedrückt: Die Erkenntnis des Zornes Gottes ist der Anfang der Weisheit. – Der Wille Gottes, den Gegenstand seines Zornes zu lieben – das ist Schmerz Gottes. Theodosius Harnack sagt, dass am Kreuz aus zwei Dingen, dem Zorn Gottes und der Liebe Gottes, ein *Drittes*, tertium entstand. Dieses „Dritte“ ist gerade der Schmerz Gottes. Luther sagte: ‚da streytet Got mit Got‘ auf Golgatha. Der Gott, der den Sünder dem Tod überantworten muss, streitet mit dem Gott, der den Sünder liebt. Die Tatsache, dass es beide Male derselbe Gott ist, ist eben der Schmerz Gottes.“[45]

Er lässt aber keinen Zweifel daran, dass Gott im Evangelium als ein den Sünder einhüllender, also barmherziger Gott hervortritt. Dies gilt auch in der zeitgeschichtlichen Situation des Zweiten Weltkrieges und der unmittelbaren Nachkriegszeit, in der er den letzten Akt einer Tragödie erkennt, der erfordere, dass das Evangelium in einer letzten, entscheidenden Gestalt in Erscheinung tritt.

Dabei setzt er sich einerseits ab gegen die Position des frühen Karl Barth, gipfelnd in dessen Aussage, Gott sei ‚ein Ganzes ohne Risse und Schmerzen‘. Dieser Gott wäre freilich ein nicht einhüllender, sondern dem Sünder bloß entgegenstehender Gott.

„Hier müssen wir mit Paulus antworten: ‚wir aber predigen den gekreuzigten Christus‘.[46]

Andererseits grenzt er sich aus diesem spezifisch kreuzestheologischen Ansatz heraus auch gegen die Position der liberalen protestantischen Theologie ab, der er in seiner ihm angemessen erscheinenden poetischen Sprache vorwirft, das Kreuz zu vergessen.

---

44 Ebd. 17. Ob die Übersetzung vom Japanischen ins Deutsche als geglückt anzusehen ist, kann ich nicht beurteilen.

45 Ebd.

46 Vgl. ebd. 19 mit dem Zitat aus Barths Kirchlicher Dogmatik.

„Die Liebe Gottes in der neueren Theologie seit Schleiermacher ist letztlich nur der Sopran der ‚frohen Menschen'. Sie hatten kein Ohr für den Bass des Schmerzes Gottes, der ‚de profundis' erklingt."[47]

„Das ganze Leben Jesu war eine via dolorosa. Das *Hereinkommen* Gottes in unsere Welt bedeutet bereits seinen Tod. Nicht erst der Tod bedeutet für Jesus den Schmerz Gottes, sondern bereits sein *Geboren-Werden*.[48]

Wenn Gott Schmerz erleidet, ist Jesus Christus die persona des Schmerzes Gottes (und zwar ganz im Sinn der radikalen kreuzestheologischen Anschauungen Simone Weils und Jürgen Moltmanns):

„Weil seine Gestalt hässlicher war als die anderer Leute und sein Aussehen als das der Menschenkinder [...]' (Jes 52,14). Der Schmerz Gottes ist die ‚Weisheit des Todes' [...]. Ohne die Bereitschaft zum Tod kann man den Schmerz Gottes nicht sehen. Der Mensch muss dieses Wort vom ‚Schmerz Gottes' so aussprechen, als ob er es in seinem ganzen Leben nur einmal tun dürfte. Wer den Schmerz Gottes gesehen hat, hört auf, davon zu schwätzen. Wenn er danach dennoch redet, ist es aus Eifer für das Zeugnis."[49]

Allerdings muss unter einem ebenfalls bedacht werden:

„Weil der ‚Schmerz' gleichzeitig die Liebe ist, darf der, der den Schmerz Gottes gesehen hat, weiterleben, ohne zu sterben. Durch diese ‚Liebe' wird der ‚Schmerz' des Menschen geheiligt, um dem ‚Schmerz' Gottes ähnlich zu werden.

Wir können ‚die im Schmerz begründete Liebe Gottes' nicht als einen Gegenstand außerhalb unseres selbst betrachten. Wir können ihn nicht sehen, ohne mit ihm zu leben. Deshalb musste ich, obwohl ich zu Anfang möglichst objektiv zu denken versprochen hatte, unsere Diskussion mit einer sehr subjektiven Darstellung abschließen."[50]

Gerade in der deutlichen gedanklichen Differenzierung zwischen dem Schmerz Gottes, der durch die Überwindung seines Zornes gegen den Sünder aus reiner Liebe entsteht, und dessen Liebe, gewinnt wiederum der Begriff der göttlichen Barmherzigkeit als Ausdruck dieser Liebe ein besonderes Gewicht. Man kann daher in Jesus Christus nicht nur die perso-

[47] Ebd. 20.

[48] Ebd. 40.

[49] Ebd. 169.

[50] Ebd. 169 als Ende seines Werkes.

na bzw. Verkörperung des Schmerzes Gottes, sondern auch dessen „Antlitz der Barmherzigkeit" erkennen. Diesen von Papst Franziskus geprägten Ausdruck verwendet Kitamori nicht, was aber nichts daran ändert, dass er seinem Anliegen vollkommen entspricht.

In der angesprochenen Ähnlichkeit (selbstverständlich nicht Gleichheit; siehe Anm. 28) zwischen dem Schmerz Gottes und dem Schmerz des Menschen zeigt sich wieder die Verschränkung der Rede von Gott mit der Rede vom Menschen.

In dem Kapitel „Immanenz und Transzendenz des Schmerzes Gottes" spricht Kitamori inhaltlich das, im Kapitel V.6. angesprochene, Thema der Identität von Gottes- und Menschenliebe an:

Anknüpfend an Matthäus 25,40 ergibt sich, dass Gott sich lieben lässt, indem er sich für die Menschen hinter der Weltwirklichkeit verbirgt.

„*Gottes Schmerz ist also immanent im Schmerz der Weltwirklichkeit.* Deshalb ist der Dienst am Schmerz Gottes als solcher überhaupt nicht möglich, sondern nur als Dienst am Schmerz der Weltwirklichkeit."[51]

In der ihm eigenen hochpoetischen Ausdrucksweise heißt das:

> „Wohl sind Liebe zu Gott und Liebe zum Nächsten zweierlei Dinge, dennoch müssen sie als eines gedacht werden. Die Liebe zu Gott ist sozusagen ein großes Ziel, während die Liebe zum Nächsten ein kleines ist. Wenn wir beide Ziele mit einem Pfeil gleichzeitig treffen wollen, müssen wir versuchen, die Zielpunkte entsprechend aufzustellen. Gott lieben ‚von ganzem Herzen, von ganzer Seele und von ganzem Gemüt' und den Nächsten lieben ‚wie sich selbst' – das bedeutet sozusagen mit einem Pfeil zwei Ziele treffen."[52]

Mödlhammer zeigt zu dem zuletzt angesprochenen Thema des Verhältnisses von Gottes- und Nächstenliebe in seiner Abhandlung „Christliche Identität und das Kreuz" auf, dass der Dienst am Schmerz Gottes also auch den Charakter des Dienstes am konkreten menschlichen Leid hat, und zwar im Sinne seiner Linderung und Heilung.

„Kitamori betreibt also keine verantwortungslose Idealisierung des Leides, das den Menschen der irdischen Not überlassen würde."[53]

---

[51] Ebd. 98

[52] Ebd. 99.

[53] Mödlhammer 109.

Dem kann ich aus voller Überzeugung zustimmen, möchte den Satz im Sinn der Ausführungen im Kapitel V.6. zur Identität von Gottes- und Nächstenliebe aber umdrehen und sagen: der Dienst am konkreten menschlichen Leid ist immer auch Dienst am Schmerz Gottes, lindert also auch seinen Schmerz.

Das entspricht dem von Mödlhammer betonten, theozentrischen Ansatz Kitamoris.

„Gottes Schmerz ereignet sich also nicht nur transzendent, sondern auch immanent. Und zwar [...] sieht Kitamori die Sache so, dass [...] nicht primär Gott mit den Menschen mitleidet – obwohl dies auch geschieht –, sondern so, dass der menschliche Schmerz vor allem umgekehrt zum Zeugnis des Schmerzes Gottes wird. Die Sicht ist also primär theozentrisch. Und das gibt dem Leiden dieser Welt eine ungeahnte Würde und eine erlösende Kraft.“[54]

Mödlhammer anerkennt auch, dass Kitamoris Kritik an der orthodoxen Trinitätslehre, in ihr sei ‚das ‚Wesen‘ Gottes ein *Wesen geworden, das sein Wesen verloren hat*‘ (Kitamori 43), nicht gänzlich von der Hand gewiesen werden kann.

„Nicht nur die allgemeine Gotteslehre, sondern auch die Trinitätslehre und Kreuzestheologie sind die längste Zeit der christlich-theologischen Reflexion ohne Bezug zueinander bzw. nur in soteriologischer Verknüpfung behandelt worden [...], nicht jedoch so, dass die Reflexion des Kreuzesgeschehens einen entscheidenden Beitrag zur Gotteslehre lieferte. Demgegenüber ist es Kitamoris Anliegen, in Erinnerung zu rufen, dass der Gott des Evangeliums nicht einfach der Gott ist, der als Vater den Sohn zeugt. ‚Der Gott des Evangeliums ist *der Gott, der als Vater seinen Sohn sterben lässt und in solchem Handeln Schmerz erleidet*‘ (Kitamori 44). Wovon Kitamori die Konsequenz zieht:

‚*Das Wesen Gottes kann nur vom Wort vom Kreuz her verstanden werden*‘ (Kitamori 44).“[55]

Die folgende Aussage Kitamoris begegnet aber einem wesentlichen Einwand Mödlhammers:

---

[54] Ebd. 107.

[55] Ebd. 113.

„Nach dem Evangelium ist die *Hauptaussage* die, dass der Vater den Sohn sterben ließ, während die Zeugung des Sohnes durch den Vater eine *Nebenaussage* ist. Die Nebenaussage ist nur nötig, um die Hauptaussage zu ermöglichen."[56]

Auch nach der Anschauung Mödlhammers offenbart sich im Kreuzesgeschehen zutiefst Gottes Wesen, aber:

„Nicht sofern das Kreuz Schmerz ist, sondern sofern es Hingabe ist, Hingabe bis zum äußersten. Dafür ist aber das dreifaltige Sein und Leben Gottes nicht nur Voraussetzung im Sinn einer ‚Nebenaussage', wie Kitamori formuliert, sondern der eigentliche Grund, so sehr, dass, auch wenn es das Kreuz nicht **gäbe, diese Liebe und Hingabe das tiefste Wesen Gottes in seiner** *innergöttlichen, innertrinitarischen* Beziehung des Vaters zum Sohn im Geist ist. [...]. Das ‚Wesen' Gottes ist nicht Schmerz, sondern ein innertrinitarisches Für-Sein, ein tiefstes Sich-Geben vom Vater zum Sohn und darum auch eine Liebe, die bis ans Kreuz gehen kann und fähig ist, den ‚Schmerz' zu integrieren."[57]

Dieser Kritik an Kitamori kann ich mich allerdings nicht anschließen.

Selbstverständlich ist nicht zu bezweifeln, dass dem Wesen Gottes das inner-trinitarische Für-Sein und dementsprechend ein tiefstes sich Geben vom Vater zum Sohn in einer Liebe, die bis ans Kreuz geht, entspricht. Ich kann darin keinen Gegensatz zur Position Kitamoris erkennen. Es ist auch nicht zu bezweifeln, dass, wie Mödlhammer an anderer Stelle (110) schreibt, Gottes (trinitarische) Wirklichkeit eine alles übersteigende Seligkeit einschließt.

Wenn man die wahrhaft leidenschaftliche Rede Kitamoris von einem leidenschaftlichen Gott in dem von ihm aufgezeigten Sinn aber wirklich ernst nehmen will, ergibt sich aus einem radikal theozentrischen Ansatz in zweifacher Hinsicht, dass die „Hauptaussage" tatsächlich darin liegt, dass der Vater den Sohn sterben ließ, sodass dessen Zeugung durch den Vater zur „Nebenaussage" wird, um die Hauptaussage zu ermöglichen.

Dazu fügt sich, dass nur dadurch dem Schmerz in der Welt wirklich angemessen begegnet wird, was wiederum dem Wesen des radikal für-seienden Gottes entspricht.

Erstens:

---

56 Kitamori 44.

57 Mödlhammer 113f.

Es wurde schon oben ausgeführt, dass schon das „Geboren-werden" (das selbstverständlich nicht mit der Zeugung zu verwechseln ist) des Sohnes für Jesus (und damit auch für seinen ihn liebenden Vater) den Schmerz Gottes bedeutet. Schon deswegen, weil mit dem Geboren-werden der Tod zwangsläufig verbunden ist. Aber dennoch ist Schmerz nicht gleich Schmerz. Der Vater nimmt Anteil am Schicksal seines Sohnes.

Eingedenk der Tatsache, dass Hans Jonas nicht an die Göttlichkeit Jesu glaubt, ist doch sein unten (Kapitel V.3.) wiedergegebenes Bild für die Anteilnahme des mitfühlenden Gottes am Schicksal des Menschen so einzigartig schön, dass ich diese Beschreibung auch hier einsetzen möchte:

Der Vater begleitet „hinfort sein Tun mit angehaltenem Atem, hoffend und werbend, mit Freude und Trauer, mit Befriedigung und Enttäuschung [. . .]" (jetzt gemeint: was die Akzeptanz seines Sohnes in dieser Welt betrifft). Aber er respektiert die Autonomie der Welt. Es erfolgt kein rettendes Wunder. Und so steigert sich sein Schmerz vom Garten Gethsemane bis zur rasenden Pein durch die Nägel, die durch den Körper seines Sohnes getrieben werden bis zu dessen Tod. Und durch den Tod seines eingeborenen Sohnes erleidet er den herzzerreißenden Schmerz des Vaters, der seinen geliebten (Mk 1,11 par) Sohn verloren hat und ohne diesen weiterleben muss.[58]

In diesem radikal theozentrischen Sinn und ausgehend vom Bild eines empathischen Gottes, wird das vom Vater zugelassene Sterben des Sohnes zur Hauptaussage und dessen Zeugung zur Nebenaussage des Evangeliums, ohne dass man darin eine Herabminderung der Zeugung erkennen muss.

Zweitens:

---

58 Dem naheliegenden Vorwurf des Patripassianismus hält Kitamori entgegen, dass Gott auch im Ereignis am Kreuz als ‚ich bin, der ich bin' unveränderlich ist. „Wie ist dies möglich? Indem Gott in der persona des Sohnes stirbt, in der *persona* des Vaters aber immer noch lebt. Ja, gerade weil Gott in der Person des Vaters lebt, deshalb kann der Tod Gottes des Sohnes Schmerz Gottes genannt werden. [. . .] Man kann nicht von Schmerz reden bei einem, der bereits starb und zunichte geworden ist. Denn wer gestorben ist, ist auch befreit von Schmerz." (Kitamori 113). Damit übereinstimmend Moltmann in „Der gekreuzigte Gott" 230: „Denn Jesus erleidet das Sterben in Verlassenheit, nicht aber den Tod selbst, denn den Tod kann man nicht mehr ‚erleiden', weil Leiden Leben voraussetzt. Der Vater aber, der ihn verlässt und hingibt, erleidet den Tod des Sohnes im unendlichen Schmerz der Liebe."

In gleicher Weise bedeutsam ist, dass Gott im Evangelium vom Kreuz den „Gegenstand“[59] seines Zornes (den Sünder) liebt.

Anknüpfend an die anthropologische Sinnspitze der oben wiedergegebenen Meditation von Papst Franziskus, kann gesagt werden, dass sich im Geschehen am Kreuz nicht nur das einzigartige göttliche Heilsereignis, sondern auch die Bosheit des Menschen in einer unfassbaren Abgründigkeit zeigt. Und diese Bosheit betrifft unmittelbar den Sohn Gottes, der am Wesen seines Vaters Anteil hat und aus reiner Liebe zu den Menschen Mensch geworden ist.

Und dieser vom Vater heißgeliebte, also mit nicht auslotbarer Leidenschaft geliebte, Sohn, erleidet am Kreuz wegen der abgrundtiefen Bosheit der höhnischen Täter auch die äußerste Schmach, indem er, ganz im Sinn der Anschauung Simone Weils, im rasenden Schmerz sogar der Lächerlichkeit preisgegeben wird.

Dadurch steigert sich der Zorn des Vaters ins Unermessliche. Und diesen unermesslichen Zorn überwindet er in einer noch viel unermesslicheren Liebe, mit der er die Täter umhüllt, *wodurch sich sein Schmerz ins Unermessliche steigert*.

Und auch deswegen kann man sagen, dass in einem radikal theozentrischen Sinn und ausgehend vom Bild eines empathischen Gottes nach dem Evangelium die Hauptaussage darin liegt, dass der Vater den Sohn sterben ließ, während die Zeugung des Sohnes durch den Vater eine Nebenaussage ist, um die Hauptaussage zu ermöglichen, ohne darin eine Herabminderung, sondern eine andere Sinnspitze zu erkennen.

Drittens:

Durch Kitamoris Radikalisierung der Rede vom Gott im Schmerz wird auch der Schmerz in der Welt radikal ernst genommen.

Dabei ist zunächst das von Mödlhammer wiedergegebene Zitat zum Thema von Haupt- und Nebenaussage wie folgt zu erweiteren:

„als Gott uns Menschen seinen Schmerz zeigen wollte, tat er dies durch den Schmerz der Menschen dieser Welt. So ist der stärkste Ausdruck menschlichen

[59] Selbstverständlich ist es problematisch, eine Beziehungswirklichkeit mit dem Wort „Gegenstand“ zu beschreiben. Ich verweise auf die in Fußnote 44 angesprochene, von mir nicht lösbare Problematik der Übersetzung ins Deutsche.

Schmerzes in dieser Welt der, dass Eltern ihr geliebtes Kind durch Leiden und in den Tod gehen lassen (müssen: Ergänzung R. D.).“[60]

Auch hier zeigt sich wieder die unverzichtbare Verschränkung der Rede von Gott mit der Rede vom Menschen. Und wegen dieses Schmerzes in der Welt, der immer von je einzigartigen Menschen erlitten wird, geziemt es sich, ein konkretes Beispiel einzufügen:

Vor einigen Jahren haben in meiner Gemeinde zwei Elternpaare bei einem Verkehrsunfall auf einen Schicksalsschlag einen Sohn bzw. eine Tochter verloren. Es handelt sich bei beiden Elternpaaren um Menschen, die vom Glauben an Jesus Christus geprägt sind. Die Eltern des Burschen haben beim Trauergottesdienst ein glaubwürdiges Auferstehungsbekenntnis ausgesprochen. Der Vater des Mädchens hat die vielen jugendlichen Freunde seiner getöteten Tochter in seinem unfassbaren Leid und Kreuz wahrhaftig getröstet. Es geziemt sich, den rasenden Schmerz der Eltern zunächst einmal stehen zu lassen und ihn auch als Ausdruck des Schmerzes Gottes zu deuten. Eine vorschnelle Rede von der Seligkeit in Gott und der Teilhabe daran durch die Auferstehung der getöteten Kinder, könnte dem nicht gerecht werden.

60 Kitamori 45.

V. Simone Weil

1 Simone Weils Werdegang und ihre Rolle als politische Denkerin und Aktivistin oder „Toujours Antigone“

Simone Weil[61] erfuhr erst kurz nach dem Ersten Weltkrieg, dass es Juden und Nicht-Juden gibt, wurde also nicht im jüdischen Glauben erzogen.[62] Ihr Vater, der Arzt Dr. Weil, war überzeugter Atheist; die Mutter Simones ist in einem liberalen jüdischen Milieu ohne strenge religiöse Praxis aufgewachsen.[63]

Man kann nicht sagen, dass Simone Weil dem Christentum jemals feindselig gegenüber gestanden wäre.[64]

In ihrem, in Casablanca geschriebenen Abschiedsbrief an den in Marseille lebenden Dominikanerpater Jean-Marie Perrin vom 26. Mai 1942 schreibt sie, von ihren Eltern und ihrem Bruder in einem vollständigen Agnostizismus aufgezogen worden zu sein und niemals auch nur die geringste Anstrengung unternommen zu haben, um darüber hinaus zu gelangen.[65]

Unbeschadet dieser Tatsache kann man Simone Weil von Kindheit und Jugend an als anonyme Christin im Sinne Karl Rahners bezeichnen.

---

[61] Diese Ausführungen folgen, soweit nicht anders angegeben, der grundlegenden Darstellung von Simone Pétrement in: Simone Weil – Ein Leben (La vie de Simone Weil); auf Deutsch erschienen 2007. Simone Pétrement war ebenfalls Philosophin und mit Simone Weil eng befreundet. Auch in der deutschen Übersetzung wird offenkundig, dass zwischen den beiden Frauen eine geistige Verwandtschaft besteht, die der Darstellung Pétrements einen hervorragenden Rang verleiht. Mein Gebrechen, der französischen Sprache kaum mächtig zu sein, wird dadurch etwas ausgeglichen.

[62] Ebd. 36.

[63] Ebd. 14.

[64] Ebd. 112.

[65] ZfG 131.

Sie kannte diesen von Rahner geprägten Begriff natürlich noch nicht und schreibt, der Sache nach gleichbedeutend, von einem impliziten Glauben. Sie versichert Perrin, dass für sie die Worte Berufung, Gehorsam, Geist der Armut, Reinheit, Hinnahme, Nächstenliebe und andere ähnliche Worte im Hinblick auf ihre Kindheit und Jugend im strengsten Sinn die gleiche Bedeutung haben wie gegenwärtig (also nach den von ihr bekundeten mystischen Christusbegegnungen, auf die noch eingegangen wird).[66]

Im Sommer 1931 wurde sie nach den entsprechenden Prüfungen zur Agrégé für Philosophie ernannt. Die Agrégation ist Zeichen der intellektuellen Elite Frankreichs und berechtigt zum Lehramt an den Lycées.[67] Vor und nach dieser Zeit engagierte sie sich bei einer Vielzahl von gewerkschaftlichen Aktivitäten.

Zuletzt unterrichtete Simone ab Herbst 1937 am Lyzeum von Saint-Quentin Philosophie und Griechisch. Sie verfolgte eine schon früher angewendete induktive Unterrichtsmethode und versuchte, den Schülerinnen eher literarische als philosophische Texte im engeren Sinn nahe zu bringen. Sie sollten lernen, daraus allgemeine Prinzipien abzuleiten.

Bei der Besprechung des Romans Oberst Chabert von Balzac zog sie das für ihr Denken ganz entscheidende Resümee,

> „dass die unmittelbare Reaktion angesichts des Unglücks Verachtung ist. Es fällt sehr schwer, zu der Güte zu gelangen, aus der heraus es möglich wird, den Unglücklichen ihr vielfältiges Unglück nicht zu verübeln. Das Revolutionäre am Christentum bestehe darin, weder den Unglücklichen noch den Schwachen zu verachten. ‚*Der Gott der Christen ist schwach*'."[68]

Das erinnert an Gianni Vattimos Philosophie und kommt ihren späteren Gedanken von einem ohnmächtigen Gott schon sehr nahe. Ihre Rede vom Unglück ist im Zusammenhang mit ihren rasenden Kopfschmerzen zu sehen, die sie seit 1930 quälten, erschöpft sich aber nicht darin, wie im nächsten Kapitel aufgezeigt wird. Sie bekundet vielmehr schon hier ihre, wie ich meine, scharfsinnige Diagnose, dass die vom Unglück betroffenen Menschen häufig sozial ausgegrenzt werden. Es handelt sich dabei wohl um einen archaischen Reflex, der keineswegs überwunden ist und in der Angst

[66] Vgl. ebd. 131f.

[67] Vgl. ebd. 292 und Pétrement 738.

[68] Pétrement 441f (Hervorhebung R. D.).

wurzeln dürfte, bei der Berührung mit den Unglücklichen selbst vom Unglück infiziert zu werden.

Im Jänner 1938 musste Simone Weil ihre Tätigkeit als Lehrerin wegen ihres Leidens einstellen.[69] Zu einer Wiederaufnahme ist es auch wegen des Beginnes des Zweiten Weltkrieges nicht mehr gekommen.

Vor der Beschäftigung mit ihren Gedanken zum Unglück, nicht nur, aber auch im Zusammenhang mit dem von ihr erfahrenen und freiwillig gewählten Arbeitsleid als manuell ungeschickte Akkordarbeiterin in verschiedenen Industriebetrieben und später bei der Weinlese, ist zum besseren Verständnis hierfür zunächst auf ihre Rolle als politische Aktivistin einzugehen.

Vorher ist aber kurz innezuhalten, um den Zusammenhang mit dem gewählten Thema nicht aus dem Auge zu verlieren:

Es entspricht der Natur der Sache, dass in ihren politischen Schriften, so wie bei ihrer politischen Agitation, das Thema eines ohnmächtigen, leidenden oder auch unglücklichen Gottes nicht unmittelbar angesprochen wird. Ihre luzide analytische Fähigkeit steht aber in einem untrennbaren Zusammenhang mit ihrem Bestreben, „die Wahrheit" zu suchen und dabei eine nach üblichen Maßstäben mitunter erschreckende Wahrhaftigkeit an den Tag zu legen.

In dem Nachwort von Friedhelm Kemp zu „Schwerkraft und Gnade" ist ein Text des Philosophen Gustave Thibon, dem Simone Weil ihre bis dahin verfassten Cahiers vor der Abreise aus Marseille im Mai 1942 übergeben hatte, zu finden, der ihre Glaubwürdigkeit in unvergleichlicher Weise bestätigt:

„In sachlicher Hinsicht waren wir beinahe über nichts der gleichen Ansicht. Mit einem beharrlich monotonen Stimmfall erging sie sich in endlosen Diskussionen, und am Ende dieser ausweglosen Gespräche war ich jedes Mal buchstäblich erledigt. [. . .] Bald konnte ich, dank unseres täglichen Zusammenlebens, näher und näher feststellen, dass diese unmögliche Seite ihres Charakters, weit entfernt, ihr tieferes Wesen auszudrücken, nur ihr äußeres und soziales Ich wiedergab. Das gewöhnliche Verhältnis zwischen Sein und Scheinen war bei ihr geradezu umgekehrt: im Gegensatz zu den meisten anderen Menschen gewann sie unendlich bei näherer Bekanntschaft und im vertrauten Umgang; mit einer erschreckenden Un-

69 Ebd. 449.

mittelbarkeit kehrte sie die ungefälligen Züge ihres Wesens nach außen, aber es bedurfte einer langen Zeit und großer Zuneigung, bis sie ihr Schamgefühl überwand und sich dem anderen von ihrer besten Seite zeigte [...]: sie weigerte sich, den Notwendigkeiten und Übereinkünften des sozialen Lebens je das geringste Zugeständnis zu machen. Immer sagte sie jedem und bei jeder Gelegenheit ihre ganze Meinung. Diese Aufrichtigkeit, die vor allem einer tiefen Ehrfurcht vor den Seelen entsprang, verursachte manche abenteuerlichen, meist erheiternden Zwischenfälle, von denen einige jedoch leicht eine tragische Wendung hätte nehmen können, zu einer Zeit, wo es wenig ratsam war, jede Wahrheit von den Dächern zu predigen. [...] Ihre Entscheidungen über das, was sie vorzog und verwarf, waren schon schroff und unwiderruflich.

[...] Da ihr die innere Reinheit und Echtheit so sehr am Herzen lag, war sie unerbittlich gegenüber allen Autoren, bei denen sie auch nur das leiseste Haschen nach dem Effekt, die mindeste Beimischung der Unredlichkeit oder des Schwulstes aufzuspüren glaubte: [...] ‚Das Ringen um den Ausdruck', schrieb sie mir, ‚erstreckt sich nicht allein auf die Form, sondern auf das Denken und das ganze innere Sein [...].'"[70]

Von dieser Einstellung her gewinnt aber ihre, schon im Zusammenhang mit meinen Gedanken zur richterlichen Beweiswürdigung zitierte, Äußerung in dem, um den 15. Mai 1942 geschriebenen, Brief an Jean-Marie Perrin – Christus liebt es, dass man ihm die Wahrheit vorzieht, wendet man sich von ihm ab, um der Wahrheit nachzugehen, so wird man in seine Arme stürzen – ein unfassbares Gewicht, eine Wucht, die an einen fernen Abglanz der göttlichen kābôd erinnert. Ihr entschiedenes Ringen um die Wahrheit lässt sie Christus und damit der Wahrheit von seinem Leiden und seiner Ohnmacht am Kreuz schon vom Anfang ihres Denkens an ganz nahe sein.

Ihre späteren expliziten Gedanken über einen ohnmächtigen Gott stehen daher in bedrängender Dichte in einem untrennbaren inneren Zusammenhang mit ihrem gesamten Leben und Werk. Und es ist natürlich auch kein Zufall, dass sie in ihrer nicht mehr vollendeten Denkschrift „Die Einwurzelung (L'Enracinement) – Einführung in die Pflichten dem menschlichen Wesen gegenüber", die sie im Rahmen ihrer Tätigkeit als Mitarbeiterin des von General de Gaulle geleiteten Komitees „Freies Frankreich" in den letzten Lebensmonaten in London verfasste, ein Kapitel mit „Die Wahrheit" betitelt. Sie schreibt zu Beginn:

[70] Weil, SuG 241–246.

„Das Bedürfnis nach Wahrheit ist geheiligter als jedes andere.“[71]

Sie schlägt die Einsetzung von Sondergerichtshöfen zum Schutz gegen Vergehen gegen die Wahrheit (vor allem im Zusammenhang mit der medialen Berichterstattung) vor.

Die dort tätigen Richter sollten „weniger eine juristische als vor allem spirituelle und in zweiter Linie intellektuelle Erziehung empfangen. Sie sollten sich [...] gewöhnen, die Wahrheit zu lieben.“[72]

Der Umstand, dass dieser Vorschlag nach der Befreiung von der NS-Herrschaft weder in Frankreich noch (soweit ich das überblicke) in anderen Ländern aufgegriffen wurde, ändert nichts an der sachlichen Berechtigung ihres Anliegens gerade im Zeitalter eines ausufernden Populismus in der medialen Berichterstattung.

Die hervorragende (und zugleich schillernde: siehe Moltmann oben Seite 4) Bedeutung des forensischen Aspektes in ihrem Denken zeigt sich in besonderer Weise in einer ihrer Spitzenaussagen in der genannten Denkschrift:

> „Was Gerechtigkeit ist, das ist Wahrheit. Darum, wenn einer die Wahrheit spricht, so sagt man:‚Er spricht recht‘. Und wenn einer recht spricht, so sagt man: ‚Er spricht die Wahrheit‘. Denn wirklich, Gerechtigkeit und Wahrheit sind eines und dasselbige.“[73]

„Toujours Antigone“ lautet ausdruckstark der Untertitel des Kapitels „Allein gegen Theben“ in der Biografie Angelica Krogmanns über Simone Weil, in dem deren politische Aktivitäten behandelt werden.[74]

Diese von Sophokles geschaffene Figur der Weltliteratur kennzeichnet wohl am besten das Wesen Simone Weils, ohne sie dadurch holzschnittartig einzuengen. Sie hat sich selbst ausdrücklich mit der Antigone auseinandergesetzt, und zwar in einem für sie ganz typischen, hochengagierten Zusammenhang: nach ihren Erlebnissen als Arbeiterin in verschiedenen Industriebetrieben fasste sie im Frühjahr 1936 den nach üblicher Einschätzung wohl sehr abgehobenen Plan, die Meisterwerke der griechischen Dichtung den

[71] Weil, Die Einwurzelung 62.

[72] Ebd. 66f.

[73] Ebd. 416.

[74] Krogmann 76.

Volksmassen zugänglich zu machen. Sie hatte während ihrer Fabrikarbeit gespürt, ",daß diese Dichtung dem Volk hundertmal näher wäre, wenn dieses sie kennenlernen könnte, als die klassische und moderne französische Literatur'"[75]. Dabei entschied sie sich als erstes, die Antigone des Sophokles nachzuerzählen. Diesen tatsächlich publizierten Artikel unterschrieb sie mit ‚Cleanthe' (Kleanthes) und erinnerte dabei an den Philosophen der Stoa, der als Wasserträger mit seinen Händen gearbeitet hatte.[76]

Nun liegt in der Figur der Antigone als „der" Rebellin gegen die legitime Staatsmacht, die von König Kreon verkörpert wird, etwas sehr Verstiegenes, ja geradezu Abartiges. Immerhin hat ihr Bruder Polyneikes als Hoch – und Landesverräter gehandelt, als er sich den kriegerischen Feinden seiner Vaterstadt Theben anschloss und im Kampf auf der Seite der Feinde Thebens seinen und Antigones Bruder Eteokles tötete und dabei selbst getötet wurde.

Den gefallenen Landesverräter nicht wie den Verteidiger der Vaterstadt pietätvoll zu bestatten, sondern den Leichnam den Geiern zum Fraß zu überlassen, mag zwar nach heutigen Vorstellungen grausam sein. Frühere Strafrechtsordnungen sahen aber oft sehr grausame Sanktionen vor. Indem Antigone dem ausdrücklichen Befehl des Königs zuwiderhandelt und Polyneikes bestattet, folgt sie zwar der Stimme ihres Gewissens als mitfühlende Schwester, handelt aber eindeutig rechtswidrig, und zwar nicht nur gegen eine bloße Formvorschrift, sondern in einer für den Bestand des Staates wesentlichen Angelegenheit.

In ihren späten Aufzeichnungen ab dem Oktober 1942 nimmt Simone Weil die Figur der Antigone in ihre Liste der Abbilder Christi auf.[77]

Allerdings nimmt Antigone sehenden Auges in Kauf, für ihr Zuwiderhandeln selbst mit einer sehr grausamen Sanktion belangt zu werden.

Und das ist, um zu Simone Weil zurückzukehren, der entscheidende Punkt (wobei nicht verhehlt wird, dass man auch in ihrem Charakter wegen ihrer Schroffheit und ihrer exzessiven Askese etwas Abwegiges und Verstiegenes erkennen könnte; man sollte sie aber nicht darauf beschränken):

---

75 Pétrement 370.

76 Vgl. ebd.

77 Cahiers IV 175f.

Wenn Sie sich für ein von ihr als richtig erkanntes Anliegen einsetzte, war es ihr vollkommen gleichgültig, ob sie dabei vielleicht vollkommen allein steht, also ob sie Zustimmung findet oder auch nicht und welche Nachteile auch immer, und sei es ihr Existenzverlust, sie sich dadurch einhandelt. Und sie setzte sich dabei immer für die jeweils Schwachen ein, mögen sie auch vollkommene Außenseiter, ja Feinde, sein.

Sie hat die von ihr selbstverständlich heiß ersehnte Befreiung Frankreichs von der Naziherrschaft nicht mehr erlebt. Man kann aber in ihrem Sinn mit vollkommener Sicherheit davon ausgehen, dass sie mit flammenden Appellen die dabei geschehenen Exzesse gegen Kollaborateure mit dem feindlichen Besatzungsregime verurteilt hätte. Dabei denke ich jetzt vor allem an die Französinnen, die mit deutschen Wehrmachtsangehörigen eine Liaison eingegangen waren, und darum mit kahl geschorenen Köpfen, auch mit ihren daraus entstandenen Kindern, zum Gaudium der Menge durch die Straßen getrieben wurden.[78] Sie waren im Unglück der Lächerlichkeit preisgegeben und teilten damit, nach der im nächsten Kapitel geschilderten Auffassung Simone Weils, gerade in diesem Punkt das Schicksal des Gekreuzigten.

Sie solidarisierte sich mit jedem Außenseiter, der Opfer einer kollektiven Leidenschaft wurde, oder dem dieses Los drohte.

Pétrement schildert eine bezeichnende Anekdote mit einem jungen deutschen Gastdozenten in der Ecole normale supérieure in der Rue d'Ulm im Jahre 1938, dem dort als „feindlichem“ Ausländer bloß aufgrund seiner Zugehörigkeit zum deutschen Volk von Studenten übel mitgespielt worden war. Sie suchte demonstrativ den Kontakt zu dem jungen Mann, wobei Themen der zeitgenössischen Philosophie freundschaftlich besprochen wurden. Simone erklärte ihrer Freundin Pétrement, dass Hitler in der Jahresschrift der Ecole mit Häme eine überzogen worden war. Allerdings sei „„die Zeitschrift von jeher für die Verspottung von Direktor und *Administration* bestimmt. Soweit ich weiß, ist Hitler nicht Direktor der *Ecole normale supérieure.*‘“[79]

---

[78] Die entsprechenden Bilder habe ich vor vielleicht 50 Jahren im Fernsehen gesehen. Die Scheußlichkeit des Geschehens ist mir unvergesslich.

[79] Ebd. 476.

Diese und ähnliche Beispiele könnte man beinahe ins Unendliche fortsetzen. Sie bezeugen eine gedankliche Klarheit, verbunden mit einer atemberaubenden intellektuellen Redlichkeit, ohne Angst, sich dadurch vielleicht auch Missverständnissen auszusetzen. Den Begriff der political oder auch moral correctness kannte man damals noch nicht. Sie hätte ihn aber als Ausdruck einer kollektiven Sprachregelung wohl entschieden verworfen.[80]

Simone Weil hat neben und zwischen ihrer Lehrtätigkeit als „linksradikale Militantin"[81] an gewerkschaftlichen Versammlungen, Aktionen und Demonstrationen teilgenommen und in diesem Zusammenhang eine unglaubliche Vielzahl von Gelegenheitsschriften verfasst, die bei weitem noch nicht alle auf Deutsch herausgegeben wurden.

Nach der Einschätzung Simone Pétrements handelt es sich bei dem im August 1933 in der Zeitschrift La Révolution prolétarienne veröffentlichten politischen Artikel *Perspektiven.* (Die Zeitschrift fügte *Gehen wir einer proletarischen Revolution entgegen*? [Perspectives. Allons-nous vers la révolution prolétarienne] als Untertitel hinzu), um die bedeutendste politische Abhandlung Simone Weils. Inhaltlich näher darauf einzugehen, sprengte den Rahmen. Die Klarheit, mit der sie ihre Überlegungen entwickelt, ist wohl kaum zu übertreffen.[82]

In einem heftigen Streitgespräch mit dem vor Stalin geflohenen Leo Trotzki, auch über diesen Artikel, vertrat Trotzki die gängige These, dass es sich beim sowjetischen Stalinismus „lediglich" um eine bürokratische Entartung der Diktatur des Proletariats handelt. Simone Weil hielt dagegen und blieb bei ihrer Position, das stalinistische Regime verkörpere eine beinahe gleiche neue gesellschaftliche Form wie der Faschismus. Es handele sich bei beiden politischen Systemen um eine neue Form von Unterdrückung im Namen der *Funktion*, im Namen der *Organisation*.[83]

---

80 In diesem Zusammenhang wäre auf die von ihr weiter entwickelte Lehre vom „Großen Tier" im Sinn des Sechsten Buches von Platons Politeia einzugehen. Ich verweise auf die Anmerkung 157.

81 So bezeichnete sie der schon erwähnte Jean-Marie Perrin in einem Brief an Gustave Thibon, der im Nachwort zu Schwerkraft und Gnade (La Pesanteur et la Grâce) auszugsweise zitiert wird (SuG 241).

82 Vgl. Weil, Unterdrückung und Freiheit 113–137.

83 Vgl. Pétrement 248 und 268.

Nur der Vollständigkeit halber sei noch erwähnt, dass ihr Einsatz im spanischen Bürgerkrieg damit endete, dass sie wegen ihrer Kurzsichtigkeit mit einem Fuß in siedendes Öl trat.[84] Nachdem sie mit ihren Eltern die USA erreicht hatte, setzte sie alle ihr zur Verfügung stehenden Möglichkeiten ein, nach Großbritannien zu gelangen, um sich dort den von General de Gaulle geleiteten Freien französischen Streitkräften anzuschließen. Ende November 1942 kam sie in England an. Neben einer Vielzahl von Gelegenheitsschriften, die sie im Rahmen ihrer Tätigkeit für die Freien französischen Streitkräfte verfasste, entstand noch die Mehrzahl der Schriften, die in den Cahiers IV enthalten sind. Sie muss Tag und Nacht bis zur vollkommenen Erschöpfung gearbeitet haben. Simone Pétrement charakterisiert ihre Arbeitsweise folgendermaßen:

> „Sie schrieb fast ohne jemals durchzustreichen, als stünde sie im Banne einer untrüglichen, ständigen Eingebung. Ihre Schriftzüge sind stets gut und langsam ausgebildet, regelmäßig und rein. Sie äußerte ihre oft sehr kühnen und paradoxen Gedanken mit einer zunehmend an Ruhe gewinnenden Selbstsicherheit."[85]

Ihr aberwitziger „Plan zu einer Gruppe von Krankenschwestern an vorderster Front" (zu der sie jedenfalls selbst gehören wollte) soll General de Gaulle gezeigt worden sein. Dieser soll ausgerufen haben: „Sie ist ja verrückt."[86]

2 Simone Weils Lehre vom Unglück Gottes

„Die Gottesliebe und das Unglück (L'Amour de Dieu et le malheur)" ist ein von Simone im Frühjahr 1942, (zumindest zum wesentlichen Teil) noch vor der Schiffsreise von Marseille über Casablanca in die USA, in Frankreich verfasster Traktat.[87]

---

[84] Ebd. 385.

[85] Ebd. 671.

[86] Ebd. 696. Auf die Frage, ob sie im Krankenhaus gültig getauft worden ist, gehe ich nicht nein. Aber natürlich nicht, weil ich die Bedeutung dieses Sakramentes schmälern wollte, sondern weil dieser Aspekt für die Relevanz ihrer Überlegungen nicht von entscheidender Bedeutung ist (siehe dazu Pétrement 707f).

[87] Ebd. 629; ZfG 13–51. Nicht zu verwechseln mit dem 1953 unter dem Titel „Das Unglück und die Gottesliebe" auf Deutsch herausgegebenen Sammlung verschiedener Schriften Simone Weils.

Vor der Beschäftigung damit ist aber zum besseren Verständnis noch auf die schon erwähnten rasenden und 1938 sich weiter verstärkenden Kopfschmerzen einzugehen, die sie an den Rand des Wahnsinns trieben und den Gedanken an Selbstmord in ihr aufsteigen ließen. Sie schrieb dazu in ihrem Brief an ihren Leidensgenossen und früheren Offizier Joë Bousquet, der seit seiner schweren Verwundung 1918 querschnittgelähmt und wegen seiner Schmerzen an das Bett gefesselt war:

„Dennoch gab es einen Augenblick, da ich, aus Erschöpfung und weil der Schmerz noch zunahm, mich von einem so scheußlichen Verfall der ganzen Seele bedroht fühlte, dass ich mich mehrere Wochen hindurch angstvoll fragte, ob der Tod nicht für mich die unabweisbarste aller Pflichten darstellte, obwohl es mir grässlich schien, dass mein Leben ein so grauenhaftes Ende nehmen sollte. Wie ich Ihnen erzählt habe, hat einzig der Entschluss zu einem bedingten und befristeten Tod mir den Seelenfrieden zurückgegeben."[88]

Als Kontrastfolie zu dieser Schilderung ihres eigenen Leidens ist es aber auch unerlässlich, zum Verständnis ihrer Überlegungen zu einem Gott im Unglück, ihre Bekundungen zu ihren Erfahrungen der Realität der Barmherzigkeit Gottes ebenfalls zu bedenken. Dazu schreibt sie in ihrem Brief vom 26. Mai 1942 aus Casablanca an Pater Perrin:

„Ich bedarf keiner Hoffnung, keiner Verheißung, um an Gottes überreichliche Barmherzigkeit zu glauben. Ich kenne diesen Reichtum mit der Gewissheit der Erfahrung, ich habe ihn berührt. Was ich durch Berührung davon kenne, übersteigt meine Fassungskraft und mein Vermögen zur Dankbarkeit in einem solchen Grade, dass selbst die Verheißung zukünftiger Seligkeiten dem für mich nichts hinzufügen könnte; ebenso wie für die menschliche Vernunft die Addition zweier unendlicher Größen keine Addition dargestellt."[89]

Sie spielt damit auf ihre hochmystischen Christuserfahrungen an, die sie Pater Perrin in ihrem um den 15. Mai 1942 geschriebenen Brief im Detail schildert, die in der vollkommen unfassbaren Passage gipfeln:

„Mitunter ist während dieses Sprechens (gemeint: des Vaterunsers im griechischen Urtext) oder zu anderen Augenblicken Christus in Person anwesend, jedoch mit

[88] ZfG 145.

[89] Ebd. 125.

einer unendlich viel wirklicheren, durchdringenderen, klareren und liebevolleren Gegenwart als jenes erste Mal, da er mich *ergriffen hat.*"[90]

Dieses „Ergriffensein" kann zunächst als ein Ergriffensein gedeutet werden, das im Denken von Hans Joas eine wesentliche Rolle spielt. Darüber hinaus handelt es sich aber um ein Phänomen, das sich einer abschließenden Einordnung entzieht und an die von Theresa von Avila bekundeten mystischen Erfahrungen erinnert. Simone Pétrement hat hinzu tiefschürfende und überzeugende Überlegungen angestellt, denen ich mich nur vollinhaltlich anschließen kann:

„Hier liegt also etwas Außerordentliches vor. Ich rede nicht von der Offenbarung Christi, die selbstverständlich ein Faktum der übernatürlichen Ordnung wäre, ich rede von dem Glauben, den sie an die Realität dieser Offenbarung gehabt hat. Dieses Geheimnis ist letztlich das der mystischen Erfahrung im Allgemeinen. Diese geht meist mit dem Gefühl einer Gewissheit einher: der Gewissheit, etwas Wirkliches jenseits der Subjektivität angerührt zu haben. Man hat etwas berührt, was jenseits des eigenen Selbst liegt. Jenseits davon, ob schon nicht auf die Art, wie man sinnliche Gegenstände berührt, jenseits aber durch das Innere. *Interio intimo meo.*[91] Man stand in Verbindung mit einer Realität, die man nur vom Inneren her zu erreichen vermag und die dennoch über das, was man in sich hat, hinausgeht. Man hat in sich etwas berührt, das größer und älter ist als man selbst.

Was aber ist mystisches Erleben und welche Glaubwürdigkeit ist ihm beizumessen? Gibt es nicht auch Menschen, die man Mystiker nennt und deren Gedankengänge einfach unvernünftig, aus den Fugen geraten zu sein scheinen? Kann man sich nicht durch Drogen als mystisch bezeichnete Erlebnisse beschaffen? Dieses Wort scheint tatsächlich sehr oft missbräuchlich verwendet worden zu sein, sicherlich müsste man seine Bedeutung enger fassen. *Ich selber glaube, dass Heiligkeit das Unterscheidungsmerkmal zwischen wahrer Mystik und dem, was ihr mitunter ähnelt, ist.* Eine reine Liebe, eine Liebe, die nicht nach selbstsüchtiger Genugtuung trachtet, die das Wohl des anderen sucht, die den anderen in seinem realen Anderssein nicht mit dem verwechselt, was man selbst wünscht, einer solchen Liebe kann man glauben, wenn sie versichert, einer Wirklichkeit begegnet zu sein, die sie übersteigt und nicht der Welt zugehörig ist.

---

[90] Ebd. 114 (Hervorhebung R.D.).

[91] Auf die Bedeutung dieser Erkenntnis des heiligen Augustinus für Etty Hillesum wird der Sache nach auf Seite 92 hingewiesen.

[...] Wenn mir jemand sagt, er sei Gott begegnet, glaube ich es nicht. Wenn es mir aber ein Heiliger sagt, glaube ich es. Der Grund, an die mystische Erfahrung Simone Weils zu glauben, ist ihr Leben. „[92]

Neben diesem ersten „Beweis" erwähnt Pétrement auch noch die diesen mystischen Erfahrungen nachfolgenden Ideen Simone Weils, die für ihren Glauben sprechen, dass es jenseits des menschlichen Geistes eine unbedingte Quelle des Guten und der Wahrheit gibt. Sie hat in der Folge zu einer Philosophie gefunden, die so schön und so voll von offenkundigen Wahrheiten ist, dass dies als der zweite „Beweis" für die Echtheit ihrer Erfahrungen betrachtet werden kann.

„Sie wird zeigen, dass es in unserem Leben und Denken Eingebungen gibt, die wir nicht aus uns selber holen können und die nicht aus der Außenwelt stammen, so dass man doch glauben muss, dass zuweilen eine Berührung mit etwas Höherem stattgefunden hat. ‚Die Erfahrung des Transzendenten, das scheint ein Widerspruch zu sein, und dennoch kann das Transzendente nur durch Berührung erkannt werden, denn unsere Fähigkeiten können es nicht hervorbringen'"[93]

Ich wüsste nicht, warum ich mich diesen Überlegungen verwehren und Simone Weil nicht „vollen Glauben" im Sinn der obigen Überlegungen zur richterlichen Beweiswürdigung schenken sollte. Wenn dem aber so ist, liegt der Gedanke nahe, dass sie bereits mehr als nur rätselhafte Umrisse in einem Spiegel gesehen haben könnte (vgl. 1 Kor 13,12).

Allerdings möchte ich noch beifügen, dass der entscheidende Punkt für mich die „kristallklare Ehrlichkeit" ist, die nach Etty Hillesum das entscheidende Kriterium bei der Abgrenzung der falschen von der echten Mystik ist (siehe unten Seite 89). Eine kristallklare Ehrlichkeit, zu der eine radikale Stringenz und Konsequenz des Denkens gehört und die nichts und niemanden scheut.

Simone Weil wird nicht müde, in dem erwähnten Traktat „Die Gottesliebe und das Unglück" den Unterschied zwischen nur körperlichem Leiden und dem Unglück zu betonen, leugnet aber den naheliegenden Zusammenhang selbstverständlich nicht.

---

[92] Pétrement 472f.

[93] Vgl. ebd. 474 mit dem indirekten Zitat aus Cahiers II, 158.

„Das große Rätsel des menschlichen Lebens ist nicht das Leiden, sondern das Unglück.“[94]

„Das Unglück ist eine Entwurzelung (einer ihrer Schlüsselbegriffe als Gegensatz zur Einwurzelung; Beifügung R. D.) des Lebens, etwas, das in mehr oder minder abgeschwächter Form dem Tode gleichkommt, etwas, das der Seele unabweisbar gegenwärtig ist durch den Zugriff oder die unmittelbare Drohung des körperlichen Schmerzes. Fehlt jeder körperliche Schmerz, so handelt es sich für die Seele nicht um wirkliches Unglück, weil der Geist sich jedem beliebigen anderen Gegenstand zuwenden kann. Unser Geist flieht das Unglück ebenso unverzüglich, ebenso unwiderstehlich, wie ein Tier den Tod flieht.“[95]

Kennzeichnend für das Unglück ist neben dem körperlichen Leiden die soziale Deklassierung und damit der gefürchtete soziale Ausschluss aus welchem Kollektiv auch immer. Für diesen sozialen Ausschluss verwendet sie das anschauliche Bild der Hühner, die sich mit Schnabelhieben auf ein verwundetes Huhn stürzen.

„Dies ist ein ebenso mechanisches Phänomen wie die Schwerkraft (ein weiterer Schlüsselbegriff als Gegensatz zur Gnade; Beifügung R. D.).“[96]

Für Simone Weil ist maßgeblich ihr Mit-Erleben des Leides von jederzeit austauschbaren industriellen Fließbandarbeitern, die unter ständigem Akkorddruck um ihren Arbeitsplatz fürchten, wobei bei ihr noch die fürchterlichen Kopfschmerzen hinzutreten.

In die Tiefe des Denkens Karl Rahners über den Menschen als Leibwesen und die damit verbundenen Auswirkungen auf das Gottesbild führt ihre Erkenntnis, dass jede Kränkung und Demütigung einen Menschen, auch ohne körperliche Attacke, leiblich treffen, was in seiner gesamten Haltung zum Ausdruck kommt. „Sein Leiden drückt sich in der Haltung aus, in sei-

94 ZfG 15.

95 Ebd. 14.

96 Ebd. 17; vergleiche auch Wimmer 152. In diesem Zusammenhang wäre es auch naheliegend, auf die Lehre vom Sündenbockmechanismus des verstorbenen französischen Denkers René Girard zu verweisen. Eine nähere Auseinandersetzung damit sprengte aber den Rahmen. Dass die Angst vor sozialer Deklassierung eine ganz wesentliche Ursache für den verstärkten Zulauf zu populistischen politischen Gruppierungen im zweiten Jahrzehnt des 21. Jahrhunderts in Europa ist, kann schwerlich bestritten werden.

nem Gesicht, seiner Stimme, in Furcht und Zittern, Magengeschwüren und Schlaflosigkeit."[97]

Der entscheidende Punkt der sozialen Deklassierung in und durch das Unglück wird von ihr in der Erkenntnis auf die Spitze getrieben, dass das Unglück sogar lächerlich macht:

„Denn das Unglück ist lächerlich."[98]

Und diesem Unglück unterwirft sich Gott, der göttliche Logos, indem er sich aus reiner Barmherzigkeit mit seiner Schöpfung in dem Menschen Jesus von Nazareth inkarniert und damit dem Risiko aussetzt, dass dessen Botschaft vom Reich Gottes abgelehnt und er als vollkommen Unschuldiger zum grässlichen und schmachvollen Tod am Kreuz verurteilt wird und am Schandholz (Dtn 21,23) stirbt.

In ihrer Kreuzestheologie ist daher vollkommen schlüssig der entscheidende biblische Referenzpunkt Gal 3,13:

„‚Er ist zu einem Fluch gemacht worden um unseretwillen' Nicht nur der Leib Christi, der am Holze hing, ist zum Fluch gemacht worden, sondern auch seine ganze Seele."[99]

„*Gott hat seine Schöpfung aus Liebe, um der Liebe willen erschaffen*. Gott hat nichts anderes erschaffen als die Liebe selbst und die Mittel der Liebe. Er hat alle Formen der Liebe erschaffen. Er hat in allen möglichen Abständen Wesen erschaffen, die der Liebe fähig sind. Und er selbst ist, weil kein anderer es tun konnte, bis in die äußerste Entfernung, den unendlichen Abstand von sich selber hinausgegangen. *Dieser unendliche Abstand zwischen Gott und Gott – äußerste Zerreißung, Schmerz, dem kein anderer gleichkommt, Wunder der Liebe –, dieser Abstand ist die Kreuzigung*. Nichts kann Gott entfernter sein als das, was zu einem Fluch gemacht worden ist.

Diese Zerreißung, über welche die höchste Liebe das Band der höchsten Einigung ausspannt, hallt unaufhörlich durch das ganze Weltall, vom Grunde des Schweigens, gleich zwei getrennten und verschmolzenen Tönen, als eine reine, eine herzzerreißende Harmonie. Dies ist das Wort Gottes. Die ganze Schöpfung ist nichts als sein Erklingen."[100]

---

97 Wimmer 151.

98 ZfG 21.

99 Ebd.18.

100 Ebd. 19 (Hervorhebungen R. D.).

Obwohl sie, oder besser gesagt, gerade weil sie im Zusammenhang mit der Äußerung, dass das Kreuz unsere einzige Hoffnung ist, wenig später im gleichen Text den Lobpreis des Kreuzes von Venantius Fortunatus (‚Kein Wald bringt solchen Baum hervor, mit dieser Blüte, diesem Laub und dieser Frucht') in ihre Überlegungen einfließen lässt,[101] bleibt die Schärfe der äußersten Schmach, die das Wesen des Kreuzes als Unglück kennzeichnet, bei ihr vollkommen unberührt, denn:

„Christus war ein Unglücklicher. Er ist nicht als Märtyrer gestorben. Er ist als ein gemeiner Verbrecher gestorben, den Schächern gleichgeachtet, nur noch ein wenig lächerlicher."[102]

Und schon jetzt ist in dem Satz, der durch die obige zweite Hervorhebung gekennzeichnet ist, auf die darin enthaltene trinitarische Differenzierung in der äußersten Verdichtung zwischen dem Schmerz des Vaters (siehe dazu Kitamori), dem Unglück des Sohnes und dem Wunder der Liebe (dem Heiligen Geist, aber in der Gestalt der äußersten Zerreißung) zu verweisen.

Die durch die obige erste Hervorhebung betonte schöpfungstheologische Aussage steht aber nicht zufällig in der Mitte ihrer Kreuzestheologie:

Man kann durchaus in ihrem Sinn, aber mit anderen Worten, spezifisch theologisch sagen:

Sowohl die Schöpfung als auch die Inkarnation und der Tod des Sohnes am Kreuz sind Ausdruck der unteilbaren Liebe Gottes. Der unteilbaren Liebe in der immanenten Trinität zwischen dem Vater und dem göttlichen Logos und der ökonomischen, der überfließenden Trinität, mit der die ganze Schöpfung in die Liebesbeziehung zwischen dem Vater und dem Sohn hineingenommen, also von ihr umhüllt wird. Im Tod des Sohnes am Kreuz erfüllt sich die Inkarnation des göttlichen Logos, erreicht sie ihren Gipfelpunkt. Gott unterwirft sich in der Inkarnation ganz und gar aus reiner Barmherzigkeit in einem zweiten Schöpfungsakt den Bedingungen und Kontingenzen dieser Welt (Simone Weil würde dazu sagen: der Schwerkraft), aus der er sich im ersten Schöpfungsakt zurückgezogen hat (was bei der Auseinandersetzung mit der von Hans Jonas aufgegriffenen Lehre zum Zimzum erläutert wird). Spätestens seither erscheint seine Allmacht aber nur mehr gleichsam spiegelschriftlich in der Form der Ohnmacht in dieser

[101] Vgl. ebd. 23.
[102] Ebd. 21.

Welt (von allfälligen Wundern einmal abgesehen, ohne sich jetzt näher mit dem Begriff des Wunders auseinanderzusetzen).

Von einem zweiten Schöpfungsakt kann man deswegen sprechen, weil durch die Inkarnation Gottes, seine Geschöpfwerdung, die gesamte Schöpfung trotz der Korrumpierung durch die Sünde und trotz der noch ausstehenden endgültigen Erlösung in einzigartiger Weise geheiligt, also mit einer unvergleichlichen Würde bekleidet wurde. Damit hat Gott seinen „Rückzug" in überfließender Barmherzigkeit (weil er das Schicksal seiner korrumpierten Schöpfung teilen möchte) „ausgeglichen" und seine Schöpfung damit in der ökonomischen Trinität qualitativ neu in die Beziehung zwischen dem Vater und dem göttlichen Logos hineingenommen.[103] Außerdem ist diese Aussage pointiert christozentrisch und antizipativ im Sinne der Kreuzestheologie Jürgen Moltmanns zu verstehen:

> „Es (gemeint: das Christusbekenntnis des Glaubens) ist in Entsprechung zu Jesus selbst ein antizipierendes Urteil der Zuversicht und darum bei aller Gewissheit im Blick auf Person und Sendung Jesu doch vorläufig in einem eschatologischen Sinn. [...] Das Bekenntnis des Glaubens hat die Form antizipierender Doxologie. Es drückt in der ‚unerlösten Welt' demonstrativ jetzt schon den Jubel der Erlösung aus und macht gerade deshalb das Leiden an der ‚unerlösten Welt' zum bewussten Schmerz."[104]

Und dieses antizipierende Urteil der Zuversicht gilt wegen der Inkarnation auch für die dadurch geheiligte Schöpfung.

In seinem Alterswerk „Der lebendige Gott und die Fülle des Lebens" begründet Moltmann seine These, dass das Christentum eine einzigartige Religion der Freude ist, obwohl in seiner Mitte das Leiden und Sterben Christi am Kreuz stehen, damit, dass

„hinter Golgatha die Sonne der Auferstehungswelt aufgeht, weil der Gekreuzigte im Glanz des ewigen göttlichen Lebens auf Erden erschienen ist, weil in ihm *die neue, ewige Schöpfung der Welt beginnt*"[105]

---

[103] Es läge nun nahe, sich mit der Lehre von der absoluten Prädestination Christi des Johannes Duns Scotus zu beschäftigen, nach der, entgegen der viel wirkmächtiger gewordenen Satisfaktionslehre des Anselm von Canterbury, die Inkarnation auch ohne Sündenfall erfolgt wäre, weil sich Gott nach seinen Geschöpfen sehnt und Mitliebende sucht. Das würde aber den Rahmen dieser Arbeit sprengen.

[104] Moltmann, Der gekreuzigte Gott 103.

[105] Moltmann, Der lebendige Gott und die Fülle des Lebens 105 (Hervorhebung R. D.).

Damit ist aber kurz innezuhalten, um den möglichen Vorwurf, sich in bloßen Spekulationen zu ergehen, zu entkräften.

Zum einen wird, bei der noch folgenden Beschäftigung mit den Gedanken des Philosophen Hans Jonas, erläutert werden, dass derartige Spekulationen im gegebenen Zusammenhang geradezu unverzichtbar sind, also das „Salz in der Suppe“ darstellen. Man sollte an den Anfang dieser Arbeit zurückblicken. Dort ist nicht zufällig der Name von Johann Baptist Metz und sein, aus dem von ihm geschilderten Erleben, grundlegender Ansatz erwähnt worden, dass für die von ihm geschilderte Glaubensgeschichte Gebete vor allem Akte des Vermissens, des Gott-Vermissens sind. Demgemäß ist in seiner Theologie die Theodizeefrage, die Frage des Leidens *an* Gott, von ausschlaggebender Bedeutung.

Bei allem gebührenden Respekt vor diesem bedeutendem Theologen (und ohne zu leugnen, dass auch einem Leiden an Gott der *gebührende* Platz einzuräumen ist) muss ich aber kundtun, dass ich diesem Ansatz nicht folgen kann, weil, entgegen dem am Anfang ausgewiesenen Zitat von Metz, das Neue Testament nicht mit einem Schrei endet, sondern dem entsetzlichen Schrei des gottverlassenen Jesus am Kreuz Auferstehungserzählungen folgen. Außerdem handelt es sich (und das entspricht in besonderem Maße dem Denken Simone Weils und Jürgen Moltmanns) um den Schrei Gottes selbst in der Person des Sohnes.

Überdies erinnere ich an die oben erwähnte Position des Sozialphilosophen Hans Joas zu diesem Punkt, also zur selbstverständlich gegebenen, aber nicht ausschlaggebenden Relevanz der Theodizeefrage in der Rede von Gott.

Daher ist eine gedankliche Auseinandersetzung mit der von Metz in seiner Memoria Passionis, im Zusammenhang mit Simone Weil, erwähnten Angela Büchel Sladkovic[106] und ihrer Position zum oben aufgezeigten Zusammenhang zwischen Kreuzes – und Schöpfungstheologie bei Simone Weil in ihrem Werk „Warten auf Gott – Simone Weil zwischen Rationalismus, Politik und Mystik“ nicht zu vermeiden.

[106] Metz 99, der dabei allerdings zutreffend bei Simone Weil von einem Abenteuer der Gottesanwesenheit in seiner völligen Abwesenheit spricht.

Büchel Sladkovic erblickt in der zuletzt wiedergegebenen Passage aus dem Traktat „Die Gottesliebe und das Unglück" einen *spekulativen*[107] Charakter, der die sonst meditativ gehaltenen, erfahrungsnahen Ausführungen zum Unglück durchbreche. Dabei verweist sie zwar vollkommen zutreffend darauf, dass die These von der allumfassenden Liebe (gemeint: Gottes) sich wiederholt in Weils Werk findet und dass die Distanz, die das Unglück bedeutet, nie so groß ist wie die Liebe Gottes.

Allerdings meint sie, kritisch fragen zu müssen, ob Simone Weil nicht eine Theologie des Leidens vertritt, die als gegeben postuliert, was in der Erfahrung des Unheils gerade auf dem Spiel steht: Gott?

> „Wird das Scheitern, wird das Unglück in Geschichte und Welt ernst genommen oder nicht vielmehr durch eine ‚Mystik des Widerspruchs', in der Unheil und Heil in Gott ineinsfallen, einer Metaphysierung und Ästhetisierung des Leidens Vorschub geleistet?"

In der Folge relativiert sie die eigene Skepsis allerdings wieder, indem sie unter Hinweis auf Erich Przywara erwähnt, „dass das Denken der Widersprüche bei Simone Weil nicht im Dienste der Identität, sondern der offen gehaltenen Differenz steht"[108]

Deswegen meint Büchel Sladkovic, Simone Weil doch für die Position von Johann Baptist Metz vereinnahmen zu können, nämlich „dass das Leiden ins Nichts führt, wenn es nicht ein Leiden *an* Gott ist."[109]

Allerdings wird damit die Tiefe und Mitte des Denkens Simone Weils zwar nicht gänzlich verfehlt, aber auch nicht erreicht.

Der Vorwurf, Simone Weil leiste zumindest indirekt der Metaphysierung und Ästhetisierung des Leidens Vorschub, schließt den Vorwurf einer gedanklichen Abgehobenheit in sich, bei der die furchtbare Realität des Unglücks, das sich in dieser Welt ereignet, nicht mehr ernst genommen wird.

Ihre Betrachtungen zum Wesen des Kreuzes und zum Unglück des Gekreuzigten sind aber höchstpersönlicher Ausdruck ihrer Solidarität mit dem gekreuzigten Gott und darüber hinaus mit allen Unglücklichen dieser Welt, wobei dieses Vom-Unglück-betroffen-sein in einem sehr weiten Sinn auf-

---

[107] Die Gedanken zur Unverzichtbarkeit derartiger „Spekulationen" sind im nächsten Kapitel zu finden.

[108] Büchel Sladkovic 275.

[109] Ebd. 276 (Hervorhebung R. D.).

zufassen ist. Es wurde schon bei der abrisshaften Schilderung ihrer Rolle als politische Aktivistin auf ihre Parteinahme für die, von welchem Kollektiv auch immer, verfemten und damit in aller Regel vom Unglück betroffenen Außenseiter hingewiesen. Das ist auch eine ihrer Motivationen für die Parteinahme für die von der Kirche ausgestoßenen Ketzer, vor allem für Marcion und die Katharer.[110] Und diese Solidarität ist immer im Zusammenhang mit ihrem eigenen Schicksal zu sehen. Dabei ist sie aber nicht weltfremd. So schreibt sie im erwähnten Traktat:

„Man soll nicht nach dem Unglück verlangen; das ist wider die Natur; das ist eine Perversion; und das Unglück ist vor allem seinem Wesen nach das, was man wider Willen duldet."

Allerdings schreibt sie auch:

„Wenn das Unglück fern ist, kann man nur wünschen, falls es über einen käme, möchte es eine Teilhabe an dem Kreuz Christi sein."[111]

Dabei lässt sie keinen Zweifel daran, was sie für sich selbst begehrt (ohne dieses Begehren jedem Menschen aufnötigen zu wollen):

„Denn ich begehre nichts anderes als den Gehorsam in seiner ganzen Fülle, das heißt: bis zum Kreuz."[112]

Freilich ist ihr auch die Anklage gegen Gott nicht fremd, allerdings in keiner plakativen, Gott schlechthin in Frage stellenden, sondern in einer inversen, paradoxen Form. So schreibt sie in ihren späten (noch in Amerika oder schon in London verfassten) Aufzeichnungen:

„Man kann den Menschen das Böse nur vergeben, indem man Gott anklagt. Wenn man Gott anklagt, vergibt man, denn Gott ist das Gute.

[...] Wenn wir Gott sein Verbrechen gegen uns vergeben, das darin besteht, uns zu endlichen Geschöpfen gemacht zu haben, wird er uns unser Verbrechen gegen ihn vergeben, nämlich endliche Geschöpfe zu sein.

[...] Wie sich Gott durch den Mund Christi der Passion angeklagt hat, genauso Gott jedes menschlichen Unglücks anklagen. Und wie Gott durch Schweigen geantwortet hat, durch Schweigen antworten."[113]

[110] Vgl. Pétrement 480.

[111] ZfG 33.

[112] Aus der Nachschrift zum Brief an Pater Perrin vom 19. Jänner 1942, ZfG 101.

[113] Cahiers IV, 68.

Diese Passagen in den Aufzeichnungen ab dem Oktober 1942 beginnen aber selbstverständlich nicht zufällig mit Gedanken über die Barmherzigkeit Gottes und stehen damit in einem untrennbaren Zusammenhang:

„Die Barmherzigkeit ist eine ganz und gar göttliche Eigenschaft. Es gibt keine menschliche Barmherzigkeit.“[114]

Das bedeutet aber, dass dort, wo im zwischenmenschlichen Bereich (in welchem Kontext auch immer, auch und vor allem im Unglück eines anderen Menschen) durch das Verhalten von Menschen Barmherzigkeit sichtbar wird, immer die göttliche Barmherzigkeit aufleuchtet. Und das ist ein wahrhaft großer, ja atemberaubender Gedanke.

Und wenn im von ihr gewählten Titel des mehrfach erwähnten Traktates zuerst die Gottesliebe und dann das Unglück genannt werden, ist dies natürlich auch kein Zufall, sondern eine bewusste Schwerpunktsetzung. Ihr daraus eine Relativierung des Unglücks in der Welt vorzuwerfen, wäre absurd.

Außerdem muss auch in diesem Zusammenhang, weil eine ganzheitliche Betrachtung dies gebietet, an ihre eigenen Erfahrungen mit der göttlichen Barmherzigkeit erinnert werden.

Die Mitte der, nach ihrer eigenen Darstellung auf sie „herabgestiegenen“,[115] Einsichten zum Wesen des innertrinitarischen Verhältnisses zwischen dem Vater und dem Sohn im Moment der äußersten „Zerreißung“ in der Kreuzigung findet sich, nach meiner Einschätzung, in ihren Aufzeichnungen ab Oktober 1942:

„Christus am Kreuz, mit Körper und Seele verlassen. Er allein konnte in diesem Zustand den Vater lieben. Der Vater allein konnte ihn in diesem Zustand lieben.“[116]

Das heißt mit anderen Worten: allein die göttliche Liebe kann die „Zerreißung“ und damit das Unglück durch das Kreuz überwinden.

Bei ihren Überlegungen zur Gottesliebe und zum Unglück darf aber auch *ihr Sinn für die Schönheit* dieser Welt als weiterer Ort der Gotteserfahrung nicht vernachlässigt werden. So schreibt sie im genannten Traktat:

[114] Ebd. 67 (Hervorhebung R. D.).

[115] Weil, SuG 252.

[116] Cahiers IV, 183.

„In der Schönheit der Welt wird die rohe Notwendigkeit zum Gegenstand der Liebe. Nichts ist so schön wie die Schwerkraft in den flüchtig sich kreuzenden Wellen des Meeres oder die beinahe ewigen Faltungen der Gebirge.

Das Meer ist in unseren Augen nicht weniger schön, weil wir wissen, dass die Schiffe bisweilen in seiner Flut versinken. Im Gegenteil, es ist deshalb nur umso schöner. Wenn es die Bewegungen seiner Wogen änderte, um ein Schiff zu verschonen, so wäre es ein mit Unterscheidungsvermögen und Wahlfreiheit begabtes Wesen und nicht diese jedem äußeren Druck vollkommen gehorsame Flüssigkeit. *Dieser vollkommene Gehorsam ist seine Schönheit.*

Alles Entsetzliche, das in dieser Welt geschieht, ist wie Wellengekräusel, das die Schwerkraft verursacht. Deshalb liegt eine Schönheit darin. Mitunter lässt ein Gedicht, wie etwa die Ilias, uns diese Schönheit empfinden. „[117]

„Die Materie ist nicht schön, wenn sie den Menschen gehorcht, nur wenn sie Gott gehorcht. Wenn sie mitunter in einem Kunstwerk fast ebenso schön erscheint wie in dem Meer, den Gebirgen oder den Blumen, so rührt dies daher, dass der Künstler von Gottes Licht erfüllt war. Um auch solche Dinge schön zu finden, die von Menschen hergestellt wurden, denen Gottes Erleuchtung nicht zuteil geworden ist, muss man mit ganzer Seele begriffen haben, dass diese Menschen selbst nur unwissentlich gehorchende Materie sind. Wer dahin gelangt ist, für den ist unbedingt alles hienieden vollkommen schön. In allem Dasein, in allen Hervorbringungen erkennt er den Mechanismus der Notwendigkeit, und in der Notwendigkeit kostet er die unendliche Süßigkeit des Gehorsams. Dieser Gehorsam der Dinge ist für uns in Bezug auf Gott das, was die Durchsichtigkeit eines Fensterglases in Bezug auf das Licht ist. *Sobald wir diesen Gehorsam mit unserem ganzen Wesen empfinden, sehen wir Gott.*“[118]

In diesen schöpfungstheologischen (sie selbst verwendet diesen Begriff nicht) Ausführungen erkennen wir Simone Weil als ganz und gar vom Geist des Platonismus durchdrungene Denkerin, der es geschenkt ist, auch in der Materie und in den in ihr herrschenden Naturgesetzen (also nach ihrer Redeweise unter den Bedingungen der Schwerkraft) nicht nur die Schönheit, sondern auch den Gehorsam als geistige Phänomene, ja letztlich sogar Gott zu erkennen. Es ist ihr aber auch geschenkt, ihre Gedanken, nicht nur aber vor allem im Traktat, in Worte zu fassen, die einen Text erstehen lassen, der selbst in makelloser Reinheit und Schönheit erstrahlt, was gewiss auch

[117] ZfG 24f. (Hervorhebung R. D.).

[118] Ebd. 26 (Hervorhebung R. D.).

für das französische Original gilt. Und ich kann mich des Gedankens nicht erwehren, auch darin ein untrügliches Qualitätsmerkmal zu erkennen, weil auch in diesem Zusammenhang Inhalt und Form nicht getrennt werden können.

Das ändert aber wiederum nichts daran, dass ein Gott im Unglück unter Berücksichtigung der gebotenen trinitarischen Differenzierung als leidender, leidenschaftlicher und ohnmächtiger Gott anzusehen ist. Bei der Auseinandersetzung mit der Gotteslehre des Philosophen Hans Jonas wird dieser Gedanke weiter entfaltet. Außerdem erfolgt eine Vertiefung auch bei der Auseinandersetzung mit der Schöpfungstheologie und der Kreuzestheologie Jürgen Moltmanns. Auf die Theologie des Schmerzes Gottes Kazoh Kitamoris ist ebenfalls zu verweisen.[119]

3 Simone Weils Anschauung von Gott, der sich als Weltenschöpfer aus seiner Welt zurückzieht in der Zusammenschau mit dem von Hans Jonas aufgegriffenen „Zimzum-Mythos“

„Hitler hat den Menschen im Stande ihrer Unfreiheit einen neuen kategorischen Imperativ aufgezwungen: ihr Denken und Handeln so einzurichten, dass Auschwitz nicht sich wiederhole, nichts Ähnliches geschehe.“[120]

Dieser Satz Theodor W. Adornos hat als Grund-Satz transzendentalen Charakter: vorgängig zu den wahrhaft unfassbar vielen Erscheinungsformen des Bösen und des Leidens in der Welt kann ihm jedes vernunftbegabte Wesen zustimmen. Demgemäß kann darin von vorneherein keine Relativierung anderer kategorialer Erscheinungsformen des Bösen und des Leidens

[119] Reiner Wimmer verweist in seiner Abhandlung über Simone Weil auf Jürgen Moltmann und Kazoh Kitamori bei der Auseinandersetzung mit der oben wiedergegebenen Schlüsselstelle im genannten Traktat zur „Zerreißung“ Gottes durch die Kreuzigung: „Hier nimmt Simone Weil in teilweise spekulativer, an Hegel und Schelling erinnernder Sprache auf, was das Neue Testament [...] im Christushymnus des zweiten Kapitel des Philipperbriefes aber auch die Rabbinen über die Selbsterniedrigung Gottes gesagt haben und was nach den großen menschheits- und menschlichkeitsbedrohenden Katastrophen dieses Jahrhunderts erneut zum Thema christlicher Theologie wurde, zum Beispiel bei [...] Jürgen Moltmann [...] oder bei [...] Kitamori (153).“

[120] Adorno, Negative Dialektik 356.

erkannt werden; so ist etwa die kurz nach dem Ende des Zweiten Weltkriegs erstmals publizierte und schon dargestellte Lehre Kazoh Kitamori vom Schmerz Gottes naturgemäß vor dem Hintergrund der Katastrophe von Hiroshima zu sehen (selbstverständlich ohne diese Lehre bloß damit erklären zu können).

Das ändert aber wiederum nichts daran, sondern bekräftigt, dass das Christentum der Moderne

> „auch vor der Frage steht, ob es die Katastrophengeschichte unserer Zeit und den damit verbundenen Kontingenzschock wahrgenommen hat, der es ihm verwehrt, von Gott ausschließlich in abstrakter, leidferner Begrifflichkeit, sozusagen oberhalb und außerhalb der konkreten menschlichen Leidensgeschichte zu reden.“[121]

Und bei dieser Katastrophengeschichte kann man Auschwitz niemals übergehen.

Der 1903 in Mönchengladbach geborene und 1933 aus Deutschland emigrierte jüdische Philosoph Hans Jonas hat sich bei einem Festvortrag 1984 an der Evangelisch-theologischen Fakultät der Universität Tübingen unter dem Titel „Der Gottesbegriff nach Auschwitz – eine jüdische Stimme“ besonders eindrucksvoll mit den Auswirkungen von Auschwitz auf die Rede von Gott auseinandergesetzt.[122]

Auch er erwähnte eingangs seine persönliche Betroffenheit und verwies auf die Ermordung seiner Mutter in Auschwitz.[123]

Im Rückgriff auf einen etwa 20 Jahre vorher von ihm veröffentlichten Aufsatz präsentierte er „ein Stück unverhüllt spekulativer Theologie“[124]. Dabei verweist er beinahe unverzichtbar auf Kant, der

---

[121] Metz, 35, dem ich insofern mit Überzeugung beistimme.

[122] Jonas, Der Gottesbegriff nach Auschwitz, Einführung ohne Seitenzahl.

[123] Ebd. 7.

[124] Ebd. Ich kann nicht verhehlen, dass seine Gedanken zum Interessantesten gehören, das mir bei meiner bisherigen Beschäftigung mit Theologie untergekommen ist. Seine Ausführungen erinnerten mich auch sofort an den Satz Dietrich Bonhoeffers in seinem Brief vom 3. 8. 1944 an seinen Freund Eberhard Bethge: „Wir müssen es auch riskieren, anfechtbare Dinge zu sagen, wenn dadurch nur lebenswichtige Fragen aufgerührt werden“ (DBW 8, 555). Und das gilt noch viel mehr für die entsprechenden Gedanken Simone Weils. *Derartige* „Spekulationen“ bestärken mich in meinem Theologie-Treiben. Den Hinweis auf Hans Jonas verdanke ich Herrn Professor Florian Uhl.

„diese angeblichen Nichtgegenstände für die höchsten Gegenstände hielt, von denen die Vernunft gar nicht lassen kann, obwohl sie zu keiner Erkenntnis von ihnen zu gelangen hoffen darf, also in ihrer Verfolgung durch die unverrückbaren Grenzen menschlichen Erkennens notwendig zum Scheitern verurteilt ist.“[125]

Er meint, nach der Katastrophe von Auschwitz bei den Gottesprädikationen die Prädikation der Allmacht und damit den zutiefst jüdischen Gedanken, dass Gott eminent der Herr der Geschichte ist, fahren lassen zu müssen.[126] Jonas wiederholt seinen etwa 20 Jahre vorher erdachten „Mythos – jenem Mittel bildlicher, doch glaublicher Vermutung, das Plato für die Sphäre jenseits des Wissbaren erlaubte“[127] (was, nebenbei bemerkt, ganz der Denkwelt Simone Weils entspricht):

„Im Akt der Weltschöpfung entschied die Gottheit, sich den Bedingungen der von ihr geschaffenen Welt zu unterwerfen. Und zwar ganz und gar, indem sie das Abenteuer von Raum und Zeit einging und *nichts* von sich zurückhielt.“[128]

Es drängt sich geradezu auf, dabei an eine, einem selbstgewählten kenotischen Prinzip folgende, Urinkarnation Gottes in die Welt hinein zu denken.[129]

Da Jonas kein Christ ist, glaubt er nicht an die von seinem Mythos zu unterscheidende Inkarnation des göttlichen Logos im Menschen Jesus von Nazareth. Er spricht dieses Thema auch ausdrücklich an: der von ihm gedachte Gott ist ein leidender Gott vom Augenblick der Schöpfung an, und gewiss von der Schöpfung des Menschen an; er meint, man könne von einem leidenden Gott im Sinn der christlichen Auffassung nur im Sinne eines einmaligen Aktes sprechen, durch den die Gottheit zu einer bestimmten Zeit, zu dem besonderen Zweck der Erlösung des Menschen, einen Teil ihrer selbst in eine bestimmte Leidenssituation sandte (die Fleischwerdung und Kreuzigung).[130]

---

[125] Ebd. 8.

[126] Vgl. ebd. 14.

[127] Ebd. 15.

[128] Ebd. 15 (Hervorhebung R.D.).

[129] Vgl. Henrix 4, der eine Nähe zur ‚formalen Christologie‘ Hans Urs von Balthasars assoziiert.

[130] Vgl. Jonas 25.

Bei der Auseinandersetzung mit den entsprechenden Gedanken Simone Weils und Jürgen Moltmanns sollte sich unter Berücksichtigung der Theologie Kazoh Kitamoris zeigen, dass diese Einschränkung nicht absolut gedacht werden muss.

Jonas knüpft an die „mächtige Unterströmung der Kabbala" an, die von einem Schicksal Gottes weiß, dem er sich mit der Weltwerdung unterzog.[131] Dort wurde der kosmogonische Zentralbegriff der Lurianischen Kabbala, nämlich die Idee des „Zimzum" entwickelt.

„Zimzum bedeutet Kontraktion, Rückzug, Selbsteinschränkung. Um Raum zu machen für die Welt, musste der *En-Ssof* des Anfangs, der Unendliche, sich in sich selbst zusammenziehen um so außer sich die Leere, das Nichts entstehen lassen, in dem und aus dem er die Welt schaffen konnte. Ohne diese Rücknahme in sich selbst könnte es kein anderes außerhalb Gottes geben, und nur sein weiteres Zurückhalten bewahrt die endlichen Dinge davor, ihr Eigensein wieder ins göttliche ‚alles in allem' zu verlieren."[132]

Diese Lehre spitzt Jonas weiter zu, indem er von einer totalen Machtentsagung Gottes ausgeht, so dass nach seiner Anschauung nicht mehr von einer Allmacht Gottes gesprochen werden kann. So ist es erklärbar, dass der ohne Zweifel gute Gott, auch während der Jahre des Auschwitz-Wütens, schwieg und nicht die eigene Regel äußerster Zurückhaltung seiner Macht brach und mit dem rettenden Wunder eingriff.[133]

„[. . .] nicht weil er nicht wollte, sondern weil er nicht konnte, griff er nicht ein."[134]

Seine in klassischer philosophischer Argumentation erfolgte Problematisierung des Begriffes der Allmacht an sich soll nicht weiter geschildert, sondern in seinem Satz zusammengefasst werden: „Macht (als Verhältnisbegriff; R. D.) muss geteilt sein, damit es überhaupt Macht gibt."[135]

Seine überragend schönen Bilder von der Selbstwerdung Gottes im Zuge der Evolution mit den qualitativen Sprüngen der Entstehung des Lebens

[131] Vgl. ebd. 45.
[132] Ebd. 46.
[133] Vgl. ebd. 41.
[134] Ebd. 41.
[135] Ebd. 36.

(und des Todes) gipfeln in der Schilderung des Erwachens der Transzendenz zu sich selbst (mit dem Erscheinen des Menschen),

> „die hinfort sein Tun mit angehaltenem Atem begleitet, hoffend und werbend, mit Freude und Trauer, mit Befriedigung und Enttäuschung und [...] *sich ihm fühlbar machend* ohne jedoch in die Dynamik des weltlichen Schauplatzes einzugreifen."[136]

Damit wird aber dem Menschen nach dem Schöpfungsplan Gottes eine einzigartige Würde und Verantwortung in dessen Schöpfung zugewiesen:

> „Nachdem er sich ganz in die werdende Welt hineingab, hat Gott nichts mehr zu geben: Jetzt ist es am Menschen ihm zu geben. Und er kann dies tun, indem er in den Wegen seines Lebens darauf sieht, dass es nicht geschehe, oder nicht zu oft geschehe, und nicht seinetwegen, dass es Gott um das Werdenlassen der Welt gereuen muss. Dies könnte wohl das Geheimnis der unbekannten ‚sechsunddreißig Gerechten' sein, die nach jüdischer Lehre der Welt zu ihrem Fortbestand niemals mangeln sollen und zu deren Zahl in unserer Zeit manche der erwähnten ‚Gerechten aus den Völkern' gehört haben möchten: dass Kraft der Überwertigkeit des Guten über das Böse, die wir der nichtkausalen Logik der dortigen Dinge zutrauen, ihre verborgene Heiligkeit es vermag, zahllose Schuld aufzuwiegen, die Rechnung einer Generation gleichzustellen und den Frieden des unsichtbaren Reiches zu retten."[137]

Nach diesem einzigartigen Hochgesang, in einer formvollendeten Hochsprache, auf die von Gott gewollte Autonomie der Welt und damit des Menschen, bleibt aber immer noch die Frage:

Muss man nach der Menschheitskatastrophe von Auschwitz die Gottesprädikation der Allmacht wirklich *gänzlich* fahren lassen oder darf man sie so weiter entwickeln, dass sie dem Wesen eines, über alle Vorstellungen hinaus, barmherzigen Gottes besser entspricht?

Simone Weil hat der Nachwelt zu diesem Thema in der letzten Phase ihres Lebens (in den Cahiers IV bzw. in Auszügen in „Zeugnis für das Gute" enthaltene) tiefe Gedanken hinterlassen, in denen die schöpfungstheologischen mit inkarnations-theologischen (jetzt im spezifisch christlichen Sinn gemeint) Aussagen in Beziehung gesetzt werden:

---

[136] Ebd. 23f. (Hervorhebung R. D.). Die Möglichkeit der kategorialen Gotteserfahrung wird also ausdrücklich bejaht.

[137] Ebd. 47f.

„Die Schöpfung ist Verlassenheit. Dadurch, dass er schuf, was anders ist als Er, hat es Gott notwendigerweise verlassen. Unter seiner Hut behält er einzig das, was in der Schöpfung Er ist – das Unerschaffene an jedem Geschöpf. Dies ist das Leben, das Licht, das Wort. Dies ist die Gegenwart des einzigen Sohnes Gottes hienieden.“[138]

„Gott ist nicht allmächtig, weil er Schöpfer ist. Die Schöpfung ist Abdankung. Aber er ist allmächtig dadurch, dass seine Abdankung freiwillig ist. Er kennt die Folgen, und er will sie.

[...]. Er hat unser ganzes Sein verlassen, außer den Teil unserer Seele, der wie er in den Himmeln herrscht. Christus selbst hat diese Wahrheit nur am Kreuz gewusst.

Im Vergleich zu der Macht des Fürsten dieser Welt ist Gottes Macht hienieden nur ein unendlich Kleines.

Gott hat Gott verlassen.

Gott hat sich entleert. *Dieses Wort umgreift zugleich die Schöpfung und die Fleischwerdung samt der Passion*“[139]

Schon diese wenigen Sätze lassen eine bemerkenswerte Übereinstimmung, aber auch Differenz zur Auffassung von Jonas erkennen:

Dass Gott im Akt der Schöpfung „abdankt“, also seine Macht preisgibt und sich damit, einem selbstgewählten kenotischen Prinzip folgend, auch „entleert“, ist beiden gemein. Das Gleiche gilt gewiss auch für die Auffassung, dass diese Abdankung freiwillig erfolgt.

Die obige Frage zur Allmacht Gottes muss man noch ergänzen:

Erstens: behält Gott auch nach der Anschauung Simone Weils „nichts mehr von sich zurück“, wie Jonas meint, der im Akt der Schöpfung auch eine gänzliche Preisgabe Gottes in diese hinein erkennen will?

Zweitens: was könnte sie mit dem „Unerschaffenen an jedem Geschöpf“, das sie mit der Gegenwart des einzigen Sohnes Gottes in dieser Welt gleichsetzt, und damit „dem Teil unserer Seele, der wie er in den Himmeln herrscht und von Gott nie verlassen wurde“, näherhin meinen?

Die zuletzt aufgeworfene Frage ist schon deswegen kaum abschließend zu beantworten, weil in der Fragestellung eine Paradoxie enthalten ist: ein Ge-

[138] ZfG 241.

[139] Ebd. 242f. (Hervorhebungen R. D.).

schöpf ist schon etymologisch, vom Wortsinn her, „etwas" Geschaffenes. Wie könnte das Geschaffene etwas Unerschaffenes an sich haben?

Eine tastende, notwendig nur vorläufige, Antwort kann darin gesehen werden, dass dieses Unerschaffene an der Schöpfung von Simone Weil selbst mit dem Leben, dem Licht und dem Wort, also der Gegenwart des einzigen Sohnes Gottes in seiner Inkarnation in diese Welt gleichgesetzt wird. Der Sohn Gottes, der göttliche Logos, ist aber in der Tat unerschaffen und durch ihn erfolgt in seiner Menschwerdung eine Teilhabe der ganzen Schöpfung und damit des Menschen an Gott. (Siehe dazu die Ausführungen auf den Seiten 49f. zum „zweiten Schöpfungsakt" durch die Fleischwerdung des göttlichen Logos). Allerdings ist die Schöpfung von allem Anfang an auf die Menschwerdung des göttlichen Logos antizipativ hingeordnet. Das entspricht dem Zeugnis des Kolosserbriefes: „Alles ist durch ihn und auf ihn hin geschaffen. Er ist vor allem Schöpfung, in ihm hat alles Bestand" (Kol 1,16.17). Auch bei der Darstellung der trinitarischen Schöpfungslehre Jürgen Moltmanns wird darauf näher eingegangen werden.

Es wird mit dieser Frage auch einer der schwierigsten Punkte im Denken Simone Weils angesprochen, ihre Soteriologie. Sie fordert die *Décréation (die Entschaffung, das Entwerden) des Menschen* als Voraussetzung für die Gewinnung des Heils.

Zum besseren Verständnis ist dabei auf einen besonderen Aspekt ihres schöpfungstheologischen und damit verschränkten inkarnationstheologischen Denkens zu verweisen. Wie schon erwähnt, denkt sie, in ihrer „Spekulation" von der Abdankung Gottes, Schöpfungslehre und Inkarnationslehre und, nun zu ergänzen: Erbsündenlehre zusammen und betrachtet sie als Ganzheit:

„Die Schöpfung und die Erbsünde sind nur für uns zwei verschiedene Aspekte eines einzigen Abdankungsaktes Gottes. Und die Menschwerdung, die Passion sind ebenfalls Aspekte dieses Aktes.

Gott hat sich seiner Gottheit *entleert* und hat uns mit einer falschen Göttlichkeit *erfüllt. Entleeren* wir uns ihrer. Auf diesen Akt ist der Akt, der uns erschaffen hat, gerichtet."[140]

[140] Ebd. 250 (Hervorhebungen R.D.).

Der ungemein herausfordernde Gedanke des Zusammenfallens von Schöpfung und Sündenfall könnte den an Blasphemie grenzenden Gedanken nahelegen, Gott wäre nach ihrer Anschauung für das Böse in der Welt in einem ganz grundsätzlichen, umfassenden Sinn verantwortlich.

Man sollte aber auch diese Ausführungen im Kontext ihres gesamten Denkens der letzten Monate ihres Lebens sehen: sie lässt keinen Zweifel daran, dass Gott nur das Gute tun kann.

„Gott ist machtlos, außer für die unparteiische und mitleidige Verteilung des Guten. [...] Er hat das Monopol auf das Gute. Er selbst ist in allem gegenwärtig, was reines Gutes bewirkt. [...] Alles echte Gute, ganz gleich welchen Ranges, strömt auf übernatürliche Weise aus ihm. [...] Die Genesis trennt Schöpfung und Sündenfall wegen der Notwendigkeit eines Berichts in menschlicher Sprache. Aber nachdem das Geschöpf erschaffen war, hatte es sich selbst Gott vorgezogen. Hätte es sonst eine Schöpfung gegeben? Gott hat erschaffen, weil er gut war, aber das Geschöpf hat sich erschaffen lassen, weil es schlecht war. Es erlöst sich, indem es Gott durch Gebete dazu bringt, es zu zerstören.“[141]

Bei einem wiederum tastenden Versuch einer Deutung fällt einerseits die an Jes 45,7 („ich bewirke das Heil und erschaffe das Unheil“) erinnernde Aussage auf, wonach Gott im Akt der Schöpfung bei der Entleerung seiner Gottheit den Menschen mit einer falschen Göttlichkeit „erfüllt“ (was der Idee entspricht, dass Schöpfung und Sündenfall zusammenfallen); andererseits ist der Mensch dazu berufen, seinerseits in einem Akt einer Entleerung diese falsche Göttlichkeit fahren zu lassen (im Akt der menschlichen Décréation). Und darauf ist der göttliche Schöpfungsakt von vornherein gerichtet!

Der Mensch ist also dazu berufen, *als Mitschöpfer* an der Schöpfung Gottes in äußerster Demut, ebenfalls in einem Akt der Selbstentleerung, mitzuwirken und sich der nur scheinbaren, der falschen Göttlichkeit des Ich [le Moi][142] zu entledigen.

Man kann diese Gedanken so lesen, dass schon im Akt der Schöpfung des, von Gott als sein Abbild (Genesis 1,27) gewollten, Geschöpfes dessen Möglichkeit der Abwendung von Gott von ihm selbst mitgewollt ist. Das ist der Preis der Freiheit. Es ist dem als Freiheitswesen geschaffenen Men-

[141] Cahiers IV 104f.

[142] Pétrement 676.

schen aber auch möglich, als Mitschöpfer Gottes, ebenfalls in einem Akt der Entleerung, dessen Schöpfung auf die bezeichnete Weise zu vollenden.

Damit erhebt sich aber die Frage, ob durch diesen „Mitschöpfungsakt" des Menschen in seiner das Ich vernichtenden Décréation eigentlich noch die Kontinuität der Person gewahrt bleibt?

Pétrement erfasst meines Erachtens zutreffend, dass die Kontinuität der Person in bestimmten Teilen des Neuen Testamentes noch weniger abgesichert zu sein scheint als bei Simone Weil.[143] Es ist dabei an das höchstpersönliche Zeugnis des „Mystikers" Paulus in seinem Brief an die Galater zu denken: „Ich bin mit Christus gekreuzigt worden; nicht mehr ich lebe, sondern Christus lebt in mir (Gal 2,19.20)". Und Christus ist, wie schon oben erwähnt, der unerschaffene Teil der Seele. Die Gemeinschaft mit ihm ist Ausdruck einer *Intimität*, in der Du und Ich ineinander verschmelzen. Das ist die Sprache der Mystik, auf die im gegebenen Zusammenhang nicht verzichtet werden kann.

Pétrement lässt auch keinen Zweifel daran, dass

> „eine Lehre wie die Simone Weils sicher Paradoxa und zweifelsohne sogar Widersprüche enthält. Es wäre jedoch zu prüfen, ob diese Widersprüche nicht zu denjenigen gehören, die für den menschlichen Geist unumgänglich sind. Kant hat auf etliche dieser nicht weiter rückführbaren Widersprüche hingewiesen, aber mit seiner Aufzählung erfasst er längst nicht alle."[144]

Damit darf aber auch eine Stellungnahme zu ihrer Behauptung, Christus selbst habe „diese Wahrheit (Gott habe unser ganzes Sein verlassen, außer den Teil unserer Seele, der wie er in den Himmeln herrscht) *nur am Kreuz gewusst*", nicht unterlassen werden.

Es wird in dieser Bekundung eine innertrinitarische Differenzierung zwischen dem Vater und dem Sohn sichtbar, die dem schon erwähnten kenotischen Prinzip entspricht und dem Neuen Testament keineswegs fremd ist. So wird beispielsweise zum Zeitpunkt der Wiederkunft des Sohnes schon im Markusevangelium, zwischen dem Vater und dem Sohn differenzierend, ausgeführt:

---

[143] Vgl. ebd. 677 mit dem Hinweis auf ein Werk des Philosophen Miklas Vetö, das nicht ins Deutsche übersetzt, mir demgemäß nicht zugänglich ist.

[144] Ebd. 678.

„Doch jenen Tag und jene Stunde kennt niemand, auch nicht die Engel im Himmel, nicht einmal der Sohn, sondern nur der Vater (Mk 13,32 par).“

Das Kreuz als Ort der äußersten Gottverlassenheit ist paradoxerweise auch der Ort der tiefsten *Intimität* zwischen dem Vater und dem Sohn.

Auch hier ist die mit einer erotischen Konnotation verbundene Sprache der Mystik unverzichtbar.

Zu der unter Erstens aufgeworfenen Frage ist auszuführen:

Auch dabei lässt es eine trinitarische Differenzierung möglich erscheinen, dass trotz der Verbindung des Vaters zum Sohn im Heiligen Geist, also trotz der in gegenseitiger Liebe lebendigen Verbindung, auch in der Abdankung Gottes im Akt der Schöpfung immer auch ein Gegenüber des Vaters zum in die Welt hinein inkarnierten Sohn und damit zur Welt verbleibt.

Simone Weil lässt diese trinitarische Differenzierung nicht vermissen:

Zur ihrer schon oben wiedergegebenen Aussage „Gott hat Gott verlassen“ ist zur Unterstützung dieser These noch die weitere Aussage hinzuzufügen:

„Die Schöpfung ist der Abstand zwischen Vater und Sohn.“[145]

Sie stellt also bei der Abdankung Gottes im Akt der Schöpfung den göttlichen Logos, nicht aber den Vater, an deren Seite. Wiederum im Vorgriff auf die trinitarische Schöpfungslehre Jürgen Moltmanns ist damit festzuhalten, dass die Schöpfung nach ihrer Anschauung von allem Anfang an nicht nur als Gegenüber zu Gott aufzufassen, sondern auch von der Trinität Gottes umhüllt ist.[146]

Da Hans Jonas als nicht dem Christentum anhängender Jude naturgemäß von keinem trinitarischen Gottesbild ausgeht, kann er in der Abdankung Gottes zwangsläufig nur eine gänzliche Abdankung erkennen und muss damit den Gedanken der Allmacht als verbleibende Gottesprädikation auch zur Gänze fahren lassen.

Aber ist denn die Allmacht wirklich eine unerlässliche Prädikation Gottes?

[145] Cahiers IV 224.

[146] Man könnte also auch sagen, dass sie ebenfalls einem panentheistischen Gottesbild huldigt.

Man sollte dieser im wahrsten Sinn des Wortes scheinbar unorthodoxen Frage nicht aus Ängstlichkeit oder Bequemlichkeit von vorneherein ausweichen.

Man muss dabei nicht gleich so weit gehen wie Jacob Burckhardt in seinen Weltgeschichtlichen Betrachtungen:

„Und nun ist die Macht an sich böse, gleichviel wer sie ausübe.“[147]

Man könnte auch meinen, es wäre den folgenden, eindeutigen und unmissverständlichen Ausführungen Thomas Pröppers nichts hinzuzufügen:

> „Eine systematische Erörterung der Allmacht Gottes hat zunächst den Gedanken der creatio ex nihilo aufzunehmen, da er jeden Monismus und Dualismus ausschließt und die qualitative Differenz der Allmacht Gottes zu jeder endlichen (gegensatzabhängigen) Macht festhält.“[148]

Gerade beim Begriff der Allmacht Gottes spielt aber die im Kapitel II.1. angesprochene Verquickung der Frage nach Gott mit der Frage nach dem Menschen eine besonders wichtige, hervorzuhebende Rolle. Man macht einem kleinen Buben eine große Freude, wenn man ihm glaubwürdig versichert, dass er einmal ein großer, starker („mächtiger“) Mann sein wird. Für viele alte Menschen ist die mit dem Alter naturgemäß verbundene, immer weiter zunehmende Einschränkung der eigenen Wirkmöglichkeiten ein großes, den Selbstwert betreffendes Problem. Der Mensch möchte in aller Regel sein Schicksal selbst gestalten und autonom, möglichst nicht abhängig sein.

Demgemäß schwingen, auch bei eindeutiger gedanklicher Differenzierung, bei der Rede von der Allmacht Gottes immer auch Vorstellungen mit, die eine Klärung schwierig machen. Es gibt nach wie vor Menschen, die sich an den schon angesprochenen Machtinszenierungen Hitlers bei seinen Massenveranstaltungen geradezu berauschen und dabei sein Ende ausblenden. Moltmann führt hierzu menschenkundig aus:

„Aber Macht ist für Menschen immer ein göttliches und dämonisches *fascinosum*.“[149]

---

[147] Zitiert nach Rauh 446.

[148] Pröpper, 417.

[149] Moltmann, Der lebendige Gott und die Fülle des Lebens 61.

Der Gedanke, dass es sich bei der Allmacht Gottes von vorneherein um eine vollkommen unermessliche Liebes- bzw. Beziehungsmacht handeln könnte, die in seiner Schöpfung nach seinem Rückzug aus dieser gleichsam spiegelschriftlich nur mehr als Ohnmacht erscheinen kann, dürfte auch in kirchlichen Kreisen nicht durchgehend durchgedrungen sein,[150] obwohl der zuletzt erwähnte, katholische Theologe im genannten Lexikon unmissverständlich kundtut:

„Als theologische Aufgabe folgt, Gottes Allmacht als die ‚Allmacht seiner freien Liebe' (Barth KD 2/1, 597) zu denken und ihren Erweis wie dessen Möglichkeit trinitarisch zu explizieren: Gott zu denken als die ursprüngliche Liebe selbst (immanente Trinität), die in ihrer absoluten, nur durch sich selbst bestimmten Macht fähig war, sich selbst auch anderer Freiheit zu schenken, ihr also Dasein zu geben und in der Sendung des Sohnes und des Geistes sich mitzuteilen (ökonomische Trinität), die dabei den Widerspruch zu sich auf sich nahm und durchlitt, ihn schöpferisch überwand und deshalb als die Macht geglaubt werden darf, ihre Verheißungen zu erfüllen."[151]

Es ist für mich allerdings kein Zufall, dass er sich dabei auf den wohl größten protestantischen Theologen seiner Zeit bezieht. Die große Nähe zum protestantischen Theologen Moltmann (mit der Ergänzung durch Kitamori) wird noch offenkundig werden.

Damit soll aber wieder Simone Weil ganz im Sinne des zuletzt Gesagten zur Sprache kommen:

Sie gibt ja, wie schon oben aufgezeigt, den Begriff der Allmacht Gottes nicht auf, sondern erkennt diese in der Freiwilligkeit seines Rückzuges aus seiner Schöpfung.[152] Seither sucht er in ohnmächtiger Demut bzw. in demütiger Ohnmacht die Beziehung zu den Menschen auf folgende Weise:

„Gott bedient sich mit seinen Freunden einer Sprache der Übereinkunft. Jedes Vorkommnis des Lebens ist ein Wort dieser Sprache. Diese Worte sind alle Synonyma, aber, wie es in den schönen Sprachen der Fall ist, jedes mit seiner ganz besonde-

---

150 Ich verweise auf die ekklesiologischen Ausführungen Seiten 72f.

151 Pröpper (wie FN 148) 416f.

152 Pétrement schreibt dazu auf Seite 674: „Simone behält die Vorstellung von der göttlichen Allmacht bei, denkt aber, dass Gott diese Allmacht, die er besitzt, nicht ausübt. In der Welt hat er ihr zu Gunsten der Notwendigkeit entsagt."

ren Nuance, jedes unübersetzbar. Der allen diesen Worten gemeinsame Sinn ist: Ich liebe dich.

Er trinkt ein Glas Wasser. Das Wasser ist das ‚ich liebe dich' Gottes. Er bleibt zwei Tage in der Wüste, ohne etwas zu trinken zu finden. Seine ausgetrocknete Kehle ist das ‚ich liebe dich' Gottes. Gott ist wie ein zudringliches Weib, das sich an seinen Liebsten klammert und ihm stundenlang ohne Aufhören ins Ohr flüstert: ‚Ich liebe dich – ich liebe dich – ich liebe dich – ich liebe dich'

[...] Gott hat kein Wort, um zu seinem Geschöpf zu sagen: ich hasse dich.

Aber das Geschöpf hat Worte, um zu Gott zu sagen: ich hasse dich.

In diesem Sinne ist das Geschöpf mächtiger als Gott. Es kann Gott hassen, und Gott kann es nicht wieder hassen.[153]

[...] Gott wartet geduldig, dass ich endlich einwillige darin, ihn zu lieben.

Gott wartet wie ein Bettler, der reglos und schweigend vor jemand steht, der ihm vielleicht ein Stück Brot geben wird. Die Zeit ist dieses Warten.

Die Zeit ist das Warten Gottes, der um unsere Liebe bettelt.

Die Gestirne, die Berge, des Meer, alles, was von der Zeit zu uns spricht, bringt uns Gottes flehentliche Bitte."[154]

Ich kann mir nicht vorstellen, dass man den Gedanken eines Gottes, dessen unfassbare Liebesmacht in seiner Schöpfung nur in Gestalt der Ohnmacht erscheint, noch eindrucksvoller ausdrücken könnte, als in dieser Sprache der Mystik und der Poesie. Wie schon im vorherigen Kapitel erwähnt, offenbart Simone Weil damit eine Tiefensicht auf die Wirklichkeit, die erahnen lässt, dass sie schon in ihrem irdischen Leben mehr als nur rätselhafte Umrisse gesehen hat.

Und auch in diesem spezifisch schöpfungstheologischen Zusammenhang ist ihre Anschauung vom *Erbarmen Gottes*, wie in ihrer Kreuzestheologie, ein unverzichtbares Element:

„Gott ist von dieser Welt abwesend, außer durch das Dasein derer in dieser Welt, in denen seine Liebe lebt. Sie sollen darum der Welt gegenwärtig sein durch das Erbarmen. Ihre Barmherzigkeit ist die sichtbare Gegenwart Gottes hienieden.

Wenn wir des Erbarmens ermangeln, trennen wir ein Geschöpf gewaltsam von Gott.

---

[153] ZfG 243f.

[154] Ebd. 250.

Durch das Erbarmen können wir den erschaffenen, zeitlichen Teil einer Kreatur mit Gott in Verbindung setzen.

Dies ist ein Wunder gleich dem Schöpfungsakt selber.

[...] Die Barmherzigkeit füllt diesen Abgrund, den die Schöpfung zwischen Gott und dem Geschöpf aufgerissen hat.

Das ist der Regenbogen.

Die Barmherzigkeit muss so allumfassend sein wie der Schöpfungsakt. Kein Geschöpf kann von ihr ausgenommen werden.

Sich selber nur mit erbarmender Liebe lieben.

Jedes Erschaffene ist der Gegenstand des Erbarmens, weil es beschränkt ist.

Das auf sich selbst gerichtete Mitleid ist die Demut.

Die Demut ist die einzig erlaubte Form der Selbstliebe.

Gott Lob, den Kreaturen Mit-Leid, für sich selber Demut.“[155]

Im Zusammenhang mit ihrer im vorherigen Kapitel wiedergegebenen Anschauung, dass die Barmherzigkeit eine ganz und gar göttliche Eigenschaft ist und es demgemäß (bei Beachtung einer strengen Begrifflichkeit) keine menschliche Barmherzigkeit gibt, wird dem Menschen auch hier eine einzigartige Rolle im Liebesplan Gottes zugewiesen. Durch sein Mitwirken erscheint die Barmherzigkeit Gottes in dieser Welt. Wird diese Mitwirkung verweigert, bleibt die Schöpfung nur ein Torso; wird sie nicht verweigert, handelt der Mensch als wahrer Wundertäter. In der Erfüllung dieses Auftrages und der Demut als der einzig erlaubten Form der Selbstliebe offenbart sich seine einzigartige Würde.

In ihrer Rede vom Erbarmen Gottes und der, in diesem Zusammenhang, dem Menschen zugewiesenen Rolle als Vollender von dessen Schöpfung, denkt sie in der Spur der, von Hans Jonas erwähnten, Lehre von den „36 Gerechten“, die funktional an der gleichen Stelle einzusetzen ist, nämlich bei der Rolle des Menschen bei der Überwindung des Leidens und des Bösen in dieser Welt. Diese handeln anstelle des im Akt der Schöpfung gänzlich abgedankten Gottes und gleichen damit „die Rechnung einer Generation aus.“ In denen, die Erbarmen üben, wird nach der oben wiedergegebenen

[155] Ebd. 242 (Hervorhebung R. D.).

Anschauung Simone Weils die Wirklichkeit Gottes in dieser Welt selbst sichtbar und damit dessen Schöpfung vollendet.

Allerdings sollte man in diesem Hinausdenken über die jüdische Lehre von den „36 Gerechten“ keinen Gegensatz, sondern eine freilich entscheidende Ergänzung, erkennen. Wer waren denn die „36 Gerechten“ während des Wütens in Auschwitz?

Es waren Menschen, die unter Einsatz ihres eigenen Lebens Juden beispielsweise versteckten. Was sollte man darin anderes erkennen, als einen Akt der (nach der Anschauung Simone Weils göttlichen) Barmherzigkeit?

Der gedankliche Zusammenhang gebietet es aber auch, einen Zusammenhang zwischen ihrer Anschauung von der Barmherzigkeit und der décréation herzustellen.

In beiden erblickt Simone Weil einen Mitschöpfungsakt des Menschen zur Vollendung der göttlichen Schöpfung. Wenn aber die décréation am gleichen funktionalen Ort wie die Barmherzigkeit einzusetzen ist, muss auch ein gedanklicher Zusammenhang zwischen beiden Begriffen bestehen.

Dieser ist darin zu erblicken, dass die Demut gewissermaßen als Kehrseite der Barmherzigkeit anzusehen ist. Man könnte auch sagen, dass es sich bei der Demut um die innere Gesinnung handelt, die zwangsläufig mit der nach außen wirkenden Barmherzigkeit verbunden ist. Die äußerste Demut ereignet sich aber in der Entleerung des Ich von der falschen Göttlichkeit. An die Stelle dieser falschen Göttlichkeit tritt der Sohn Gottes selbst. Dieser ist aber „das Antlitz der Barmherzigkeit“ (Misericordiae Vultus).

Es bedarf nun eigentlich keiner weitwendigen Ausführungen, dass ihre Rede von der Barmherzigkeit Gottes in der derzeitigen Situation der katholischen Kirche unter dem Pontifikat von Papst Franziskus besonders aktuell ist. Es ist offenkundig, dass seine Botschaft von der Barmherzigkeit Gottes „die“ Botschaft ist, die er nicht müde wird, immer wieder aufs Neue zu verkünden.

Es würde nun zu weit führen, im Einzelnen aufzuzeigen, inwieweit die Anschauung Simone Weils zur Barmherzigkeit Gottes in einer auffälligen Übereinstimmung mit der Bulle „Antlitz der Barmherzigkeit (Misericordiae Vultus)“ steht. Es erscheint ausreichend, wenn man sich die dort enthaltene, ungemein ergreifende Aussage zum Wesen der göttlichen Barmherzigkeit vor Augen hält und mit ihren schon aufgezeigten Gedanken in Beziehung setzt:

„Zusammenfassend können wir sagen: Gottes Barmherzigkeit ist nicht eine abstrakte Idee, sondern eine konkrete Wirklichkeit, durch die er seine Liebe als die Liebe eines Vaters und einer Mutter offenbart, denen ihr Kind zutiefst am Herzen liegt. Es handelt sich wirklich um eine *leidenschaftliche Liebe*. Sie kommt aus dem Innersten (entspricht also dem Wesen der immanenten Trinität; Beifügung R. D.) und ist tiefgehend, natürlich, bewegt von Zärtlichkeit und Mitleid, von Nachsicht und Vergebung."[156]

Es ist hier auch nicht der Ort, auf sein nachsynodales Apostolisches Schreiben „Amoris Laetitia" näher einzugehen. Es liegt aber auf der Hand, dass ihre Überlegungen zu diesem Thema eine fruchtbare Ergänzung zur Lehre von Papst Franziskus zur Barmherzigkeit Gottes sein können. Ein Ansporn zum Weiterdenken sind sie allemal.

Deswegen möchte ich im gegebenen Zusammenhang nur einen naheliegenden Aspekt ihrer, die Ekklesiologie betreffenden, Gedanken herausgreifen, die zutiefst mit ihrer Anschauung von einem ohnmächtigen Gott zusammenhängen und diese auch im ekklesiologischen Kontext als geradezu unverzichtbar erscheinen lassen:[157]

Der Ausschluss der wiederverheirateten Geschiedenen von den Sakramenten wurde von nicht unmaßgeblichen „Amtsträgern" der katholischen Kirche und deren Gefolgsleuten im Wesentlichen damit begründet, dass *jede* Wiederzulassung, solange die erste, gültig geschlossene Ehe nicht für nichtig erklärt wurde, die Lehre der Kirche von der Unauflöslichkeit gültig geschlossener (und geschlechtlich vollzogener) Ehen verdunkle.[158]

---

156 Papst Franziskus, Antlitz der Barmherzigkeit 119, mit der Betonung der Leidenschaftlichkeit (siehe Kitamori!) der Liebe Gottes! (Hervorhebung R. D.).

157 Hier würde sich ein Exkurs anbieten zu ihrer, im Anschluss an Platon (Politeia, Sechstes Buch), weiter entwickelten Lehre vom „Großen Tier", als bleibender Warnung vor der Gefährdung des Menschseins durch jedes Kollektiv und der damit verbundenen Tendenz der Uniformierung der Gedanken durch Sprachregelung. In diesen Zusammenhang hinein wären aber auch ihre mahnenden und kritischen Überlegungen zur Ekklesiologie zu verorten.

158 Vgl. Schockenhoff 99f.

In dem unter folgendem Hinweis auf Simone Weil aufzuzeigenden thematischen Zusammenhang geht es nicht darum zu argumentieren, warum diese Position theologisch verfehlt ist oder auch nicht. Es geht vielmehr darum, dass der Akt der „Wiederzulassung“ von den Protagonisten der geschilderten Anschauung, aber auch von deren Gegnern, überwiegend wohl als „kirchenamtlicher“, hoheitlicher, konstitutiver Akt angesehen wird, und nicht etwa als bloße Anerkennung einer Gewissensentscheidung der Betroffenen nach (hoffentlich) reiflicher Überlegung.

Sie schreibt dazu:

> „Die Kirche bemüht sich, das Paradies zu einem Mittel der Erpressung zu machen und jeden zu verdammen, der sie nicht für unfehlbar hält.
>
> Sie wird sich nur dann heiligen, wenn sie abdankt, indem sie auf die Macht verzichtet, die Sakramente zu verweigern.
>
> Selbst die Absolution muss jedem, der sie erbittet, gewährt werden, jedoch indem man ihn warnt, dass sie sich, wenn er sie ohne echte Reue empfängt, in seine Verdammung verkehren wird, und indem man ihn ermutigt, um die Auferlegung einer Strafe zu ersuchen, die im Stande ist, die Reue wie einen Nagel in die Seele eindringen zu lassen. *Aber nach dieser Warnung tun, was er will.*
>
> Alles gewähren, worum gebeten wird. Es ist diese Leichtigkeit, die sich am besten dazu eignen wird, die Seelen eine heilige Furcht spüren zu lassen.
>
> Nur dann geistige Autorität ausüben, wenn man um geistige Anleitung ersucht worden ist, aber sie dann mit aller Strenge ausüben. Die Leute dazu ermutigen, um Anleitung zu ersuchen.
>
> Aber es darf nie irgendein Element gesellschaftlichen Zwanges geben. Jeder Gehorsam muss freiwillig erbracht werden.
>
> Christus hat den Seinen das Streben nach Autorität und Macht ausdrücklich verboten. Seine Versammlung (Kirche) dürfte also keine Gesellschaft sein.“[159]

Diese Überlegungen scheinen mir in ihrer Eindeutigkeit geradezu selbsterklärend zu sein. Man kann aber auch hier einerseits eine einzigartige Anerkennung der Autonomie des Menschen, als von Gott gewollt und damit Hand in Hand eine besondere Verantwortung jedes Menschen, erkennen; andererseits sollte sich die Kirche in ihrem Lebensvollzug der Gestalt des ohnmächtigen Gottes immer weiter annähern, indem sie ebenfalls, und

[159] Cahiers IV 304 (Hervorhebung R. D.).

zwar auch im geistlichen Bereich, abdankt und gerade dadurch zur glaubwürdigen Warnerin vor Fehlentwicklungen werden kann, *wenn sie um Anleitung ersucht wird*. Das ist die, für die Radikalität ihres Denkens typische, äußerste Zuspitzung des Gedankens der Abdankung, der ich mich, zwar zögernd, aber letztlich eindeutig, anschließen möchte.

Damit steht zum Abschluss dieses Kapitels die Frage im Raum: Woher hat sie das alles? Büchel Sladkovic vermerkt dazu, dass auch nach dem Urteil der hervorragenden Kennerin der Gedankenwelt Simone Weils, Simone Pétrement, Simone Weil die der Kabbala angehörende lurianische Mystik nicht bekannt gewesen sein dürfte.[160]

Es verbleibt daher ihr eigenes Zeugnis, wonach es der Wahrheit „bisweilen geruht, sich aus unbegreiflichem Übermaß der Barmherzigkeit von mir wahrnehmen zu lassen."[161] Man sollte dieses Selbstzeugnis einfach stehen lassen.

4 Die Lehre von der Selbstbeschränkung Gottes in der trinitarischen Schöpfungstheologie Jürgen Moltmanns

„Opera trinitatis *ad extra* (Hervorhebung R. D.) indivisa esse, tribus personis communia, salvo tamen earum ordine et discrimine."

Nach der Anschauung Moltmanns wurde diese Formulierung Augustins bestimmend für die westkirchliche Gotteslehre. Demnach gibt es ein selbstgenügsames inneres Leben Gottes; die Schöpfung hingegen ist ein nach außen gerichtetes Handeln des dreieinigen Gottes in seiner Einheit. Demgemäß ist es geboten, vom inneren Leben Gottes ein Handeln Gottes nach außen in Schöpfung, Menschwerdung und Erlösung zu unterscheiden. Für das Handeln Gottes nach außen hat nach der traditionellen Anschauung sein inneres Leben aber nur als Begründung Bedeutung.[162]

[160] Büchel Sladkovic 231, Anmerkung 39. Diese Bekundung Pétrements ist nur in dem mir nicht zugänglichen, weil nicht ins Deutsche übersetzten, zweibändigen Werk und nicht in dem ins Deutsche übersetzten und gekürzten einbändigen Werk enthalten. Dort findet sich allerdings der Hinweis auf den maßgeblichen philosophischen Lehrer der beiden Simones, Alain (Pseudonym für Emile Chartier), der es bedauerte, dass die Christen den göttlichen Attributen die Macht zugerechnet haben (Pétrement 674).

[161] Weil, SuG 251.

[162] Vgl. Moltmann, Trinität und Reich Gottes 123 mit der Formulierung Augustins.

Mit obiger Formel ist zwar zunächst einmal klargestellt, dass die Werke der Trinität nach außen den drei Personen (unbeschadet ihrer Ordnung und Unterscheidung) gemeinsam zuzuordnen sind.[163]

Das ist aber im gegebenen Zusammenhang nicht der entscheidende Punkt. Entscheidend ist vielmehr, dass die Werke der Trinität *nach außen* (also die ökonomische Trinität) nicht auch in einer untrennbaren Beziehung mit der immanenten Trinität und in der Rückwirkung auf diese gesehen werden.

Und damit verbindet sich der gedanklichen Zusammenhang mit folgenden von Moltmann gestellten (rhetorischen) Gegenfragen:

> „Kann der allmächtige und allgegenwärtige Gott überhaupt ein ‚Außen' haben? Gibt es überhaupt ein extra Deum für jene opera ad extra? Ginge man von einer solchen Annahme aus, müsste man mit der Selbstkonstitution Gottes in Ewigkeit auch ein gleichewiges Nichtgöttliches oder Gegengöttliches annehmen, das ‚draußen' wäre. Widerspricht das aber nicht der Gottheit Gottes, nämlich seiner Allgegenwart?"[164]

Ich wüsste nicht, was man der Unabweisbarkeit der, sich aus diesen rhetorischen Fragen zwangsläufig ergebenden, zwei verneinenden und der letzten bejahenden Antwort(en) entgegensetzen könnte.

Und damit ergibt sich eigentlich fast zwangsläufig der folgende Hinweis Moltmanns auf die schon oben erwähnte Zimzum-Lehre Isaak Lurias. Er ergänzt, dass

„dieser die alte Lehre von der Konzentration Gottes auf den einen Punkt seiner Schechinah im Tempel zur Lehre von Gottes konzentrierter Inversion zum Zweck der Weltschöpfung verwandelte."[165]

Eine Divergenz zur Darstellung von Hans Jonas erkenne ich nicht. Es ist nur verdeutlichend auf die von Moltmann wiedergegebene Darstellung Gershom Scholems zu verweisen, wonach

> „der erste aller Akte des unendlichen Wesens also nicht ein Schritt ‚nach außen', sondern ein Schritt ‚nach innen', eine Selbstverschränkung Gottes aus sich selbst in sich selbst, also eine passio Dei, keine actio war.

---

[163] Diese Klarstellung verdanke ich einem Gespräch mit Herrn Professor Mödlhammer.

[164] Ebd. 123f.

[165] Ebd. 124.

> [...] Der Weltprozess ist also zweiseitig zu verstehen: jede Stufe im Schöpfungsprozess enthält die Spannung zwischen dem in Gott selbst zurückflutenden Licht und dem aus ihm hervorbrechenden Licht. Anders gesagt: jedem Akt nach außen geht ein Akt nach innen voraus, der das Außen ermöglicht. Gott schafft also stets gleichzeitig nach innen wie nach außen. Er schafft, indem und weil er sich zurücknimmt. *Die machtvolle Schöpfung im Chaos und aus dem Nichts ist zugleich eine Selbsterniedrigung Gottes in die eigene Ohnmacht.* Die Schöpfung ist ein Werk göttlicher Demut und göttlicher Einkehr in sich selbst. Gott handelt an sich selbst, wenn er schöpferisch handelt. Sein Innen und sein Außen entsprechen sich dabei spiegelbildlich."[166]

Moltmann gibt auch Jacob Emden Recht, der um 1870 lehrte,

> „dass die Lehre vom Zimzum der einzige ernsthafte Versuch sei, den Gedanken einer ‚Schöpfung aus dem Nichts' wirklich theologisch zu denken. Ohne den aus ihr entwickelten naturphilosophischen Spekulationen zu folgen, gibt uns schon der Grundgedanke dieser Lehre die Möglichkeit, die Welt in Gott zu denken, ohne dem Pantheismus zu verfallen, und die Geschichte der göttlichen Selbstbeschränkung und die Geschichte der menschlichen Freiheit in einem ständigen Wechselverhältnis zu sehen."[167]

Damit lässt sich aber die Vorstellung eines a-pathischen, nicht leidenden, nicht auch Freude und Schmerz empfindenden, Gottes nicht in Einklang bringen.

Ganz im Gegenteil:

> „Wie Gott durch sein Handeln aus sich heraus geht und seine Welt prägt, so prägt seine Welt durch ihre Reaktionen, Aberrationen und Eigeninitiativen auch ihn: gewiss nicht auf die gleiche Weise, aber doch ohne Zweifel auf ihre Weise. Ist Gott Liebe, dann verströmt er nicht nur, sondern dann erwartet er auch und braucht Liebe: seine Welt soll seine Heimat sein. *Er will in ihr wohnen.* „[168]

---

[166] Ebd. 125 (Hervorhebung R. D.).

[167] Ebd. 125 mit dem Hinweis auf Schelling in der dortigen Anm. 23: „Zugleich nun aber suspendiert Gott den Aktus seines notwendigen Existierens, um ein von ihm verschiedenes Sein an die Stelle jenes ersten Existierens zu setzen." Und dem weiteren Hinweis auf D. Brunner: „D.h. aber, Gott will den Raum des Seins nicht allein einnehmen, er will anderem Sein Platz schaffen. Indem er dies tut, begrenzt er sich selbst [...] die Kenosis, die im Kreuz Christi ihren Höhepunkt erreicht, beginnt schon mit der Weltschöpfung."

[168] Ebd. 114 (Hervorhebung R. D.).

Und damit weitet sich der Blick auf einen em-pathischen und sym-pathischen Gott, der, um in der Spur Simone Weils weiter zu denken, ohnmächtig und hilfsbedürftig wie ein kleines Kind um die Liebe der Menschen bettelt.

„Muss man nicht sagen, dass diese ‚Schöpfung außerhalb Gottes' zugleich in Gott existiert, nämlich in dem Raum, den Gott ihr in seiner Allgegenwart eingeräumt hat? Hat nicht also Gott die Welt ‚in sich' geschaffen, ihr *in* seiner Ewigkeit Zeit und *in* seiner Unendlichkeit Endlichkeit und *in* seiner Allgegenwart Raum und *in* seiner selbstlosen Liebe Freiheit gegeben?

Das trinitarische Verhältnis des Vaters, des Sohnes und des Heiligen Geistes ist so weit, dass die ganze Schöpfung darin Raum, Zeit und Freiheit finden kann. Schöpfung als Aktion Gottes im Nichts und als Ordnung Gottes im Chaos ist eine männliche Vorstellung. Schöpfung als Aktion Gottes in Gott und aus Gott ist eine eher weibliche Vorstellung zu nennen: Gott erschafft die Welt, indem er eine Welt in sich werden und sein lässt: Let it be!"[169]

In seinem schon erwähnten Alterswerk vertieft Moltmann diese spezifisch trinitarische Einsicht folgendermaßen:

„Die göttlichen Personen des Vaters und Jesus, des Sohnes, und des Heiligen Geistes bilden ihre Einigkeit durch gegenseitiges Öffnen zur Einwohnung. Sie geben sich aneinander hin und empfangen sich von einander. Darum ist die Einheit nicht abgeschlossen wie ein Kreis oder ein Dreieck – traditionelle Figuren für die Dreieinigkeit –, sondern weit offen, so dass die Jünger – und dann auch alle Geschöpfe – ihren Lebensraum in ihnen finden: ‚So sollen sie auch *in uns* sein' (Joh 17,21). Wie der Sohn in dem Vater und der Vater in dem Sohn ist, so sollen auch die Menschen in ihnen sein. Der Hingabe und Offenheit des Sohnes und des Vaters zueinander entsprechen ihre gemeinsame Offenheit und Hingabe an die geliebten Menschen. Umgekehrt entspricht unser Leben *in* Gott dem innertrinitarischen Leben Gottes selbst. Die ‚wechselseitige Einwohnung' macht die Gemeinschaft von gleich zu gleich sowie die Gemeinschaft der Ungleichen aus. ‚Wer in der Liebe bleibt, der bleibt *in* Gott und Gott *in* ihm' (1 Joh 3,16)."[170]

Klarzustellen ist allerdings, dass die innertrinitarischen Einwohnungen Gottes von Natur und die gott-menschlichen Einwohnungen durch Gnade geschehen.[171]

---

169 Ebd. 124.

170 Moltmann, Der lebendige Gott und die Fülle des Lebens 70.

171 Vgl. ebd. 70.

Die geschilderte panentheistische Schöpfungslehre Moltmanns lässt sich sehr gut mit der in Fußnote 146 als panentheistisch bezeichneten schöpfungstheologischen Anschauung Simone Weils in Einklang bringen. Außerdem fügt sich ihre Rede von Gott als Bettler, der reglos und schweigend vor jemand steht, der ihm vielleicht ein Stück Brot geben wird, in einzigartiger Weise in Moltmanns Rede von dem Gott ein, der in seiner Welt Heimat finden will.

5 Jürgen Moltmanns Kreuzestheologie als Interpretament der Lehre Simone Weils vom Unglück Gottes

Die für Simone Weil typische, schon angesprochene Verschränkung ihrer Kreuzestheologie mit ihrer Schöpfungstheologie lässt naheliegend erscheinen, dass der aufgezeigte Gleichklang zwischen ihr und Moltmann in ihrer Lehre von Gott als Weltenschöpfer auch für ihre Lehre vom Unglück Gottes zutrifft.

Auf Moltmanns Auffassung, dass das Christentum eine einzigartige Religion der Freude ist, obwohl in seiner Mitte das Leiden und Sterben Christi am Kreuz steht und der damit zu bejahenden Möglichkeit, auch das Kreuz Christi, im Sinne der Anschauung Simone Weils, als Ausdruck der Barmherzigkeit Gottes zu deuten, wurde schon hingewiesen.

Dass in dieser Auffassung aber keine Relativierung des Kreuzes Christi und des darin aufgehobenen Leidens in der Welt erblickt werden darf, wurde ebenfalls schon erwähnt und soll folgendermaßen vertieft werden:

In radikaler Zuspitzung und Ergänzung dessen, was Simone Weil als Zerreißung in der Gottheit durch die Kreuzigung bezeichnet, deutet Moltmann schon das Geschehen im Garten Gethsemane:

Die nicht erhörte Bitte Jesu, der Vater möge den Kelch an ihm vorübergehen lassen (Mk 14,36), ist nach seiner Anschauung nicht eine Bitte um Bewahrung vor dem Tod, sondern Ausdruck der Angst vor der Trennung vom Vater, das Entsetzen vor dem „Tod Gottes“.

„Die Bitte Jesu ist von Gott, seinem Vater, nicht erhört, sondern abgewiesen worden. […] Hier entzieht sich der Vater dem Sohn und lässt ihn allein. […] Jesus hält die Gemeinschaft mit dem Gott, der sich ihm als Vater entzieht, nur im

Widerspruch gegen sich selbst fest: ‚Doch nicht mein Wille, sondern dein Wille geschehe.'

Mit der *nichterhörten Bitte* Jesu beginnt seine wahre Passion, seine Agonie in der Verlassenheit vom Vater. [...] Die Angst, die ihn ergriffen hat und seine Seele zerreißt, ist das Leiden an Gott. Gottverlassenheit ist der ‚Kelch', der nicht an ihm vorübergeht. [...] Der Vater entzieht sich. Gott schweigt. Das ist die Erfahrung der Hölle und des Gerichtes. [...] ‚Nicht nur in den Augen der Welt und seiner Jünger, nein, auch in seinen eigenen Augen sah Christus sich verloren, von Gott verlassen, fühlte sich in seinem Gewissen von Gott verflucht, in der Qual der Verdammten, die Gottes ewigen Zorn fühlen, davor schrecken und fliehen.' [...] Darum war Christus nicht der vollkommenste Mensch, sondern der am meisten angefochtene und darin der ärmste von allen ‚Verdammten dieser Erde'. [...]

Am Ende der Passion Christi steht wieder ein Gebet, nämlich der verzweifelte Aufschrei zu Gott, mit dem Christus stirbt: ‚Mein Gott, warum hast du mich verlassen?' (Mk 15,34)."[172]

Das sind harte Worte, die das Geschehen im Garten Gethsemane und am Kreuz wahrhaftig nicht verklärend schönreden. Gerade deswegen verleihen sie der Rede von der Auferstehung und damit im Zusammenhang von der Barmherzigkeit Gottes einen besonderen Glanz. Es verwundert daher nicht, dass Moltmann die Auffassung W. Kaspers, die Verwendung von Psalm 22 beweise, dass Jesus in seinem Glauben nicht zusammengebrochen sei, verwirft.

„Wer Jesu Glauben am Kreuz für eine Vorbildchristologie verwendet, verkennt damit die alle Sünder rettende Flucherfahrung Jesu am Kreuz. Die modernen psychologischen Erwägungen, nach denen Jesus am Kreuz ‚zusammengebrochen' oder gerade ‚nicht zusammengebrochen' (W. Kasper) sei, erfassen nichts von der Wirklichkeit des Geschehens zwischen Jesus und seinem Vater bzw. dem Vater und seinem Sohn. Die heroischen Ausdrücke, mit denen R. Bultmann vom ‚Scheitern' Jesu am Kreuz spricht, mögen für Helden wie Leonidas bei den Thermopylen angemessen sein, am Kreuz sind sie gänzlich verfehlt."[173]

Zur universalen Bedeutung des Gekreuzigten auf Golgatha im Zusammenhang mit der Theodizeefrage vermerkt Moltmann:

---

[172] Moltmann, Trinität und Reich Gottes 92f.

[173] Ebd. FN 28 auf Seite 95 mit Angabe der entsprechenden Fundstellen.

„Die Leidensgeschichte Christi gehört in die Leidensgeschichte der Menschheit kraft der leidenschaftlichen Liebe, die Christus offenbart. Die Auslegung des Kreuzestodes Christi als Versöhnungsgeschehen im Rahmen der Schuldfrage der Menschen ist der zentrale Teil dieser universalen Bedeutung, aber nicht ihre ganze Fülle."[174]

Gerade in ihrer Radikalität und Konsequenz entspricht diese Art von Kreuzestheologie der Denkwelt Simone Weils und ihrer Bereitschaft, dem Gekreuzigten mit jeder Faser ihrer Existenz nachzufolgen. Es wurde schon ausgeführt, dass sie für sich nichts anderes als den Gehorsam in seiner ganzen Fülle, d.h. bis zum Kreuz, begehrte.

In ihren ganz späten Aufzeichnungen vom Sommer 1943 im Londoner Notizbuch vermerkt sie spezifisch kreuzestheologisch:

„Christus am Kreuz hat mit Mitleid das Leiden der ganzen Menschheit in sich selbst erlitten. Sein Schrei (mein Gott…) ist im Namen der ganzen Menschheit ausgestoßen worden."[175]

Damit ist auch bei ihr vollkommen eindeutig, dass die Leidensgeschichte Christi in einem untrennbaren Zusammenhang mit der Leidensgeschichte der Menschheit steht.

Wenige Zeilen später schreibt sie im Londoner Notizbuch zum von Moltmann aufgeworfenen Thema, dass Christus nicht der vollkommenste Mensch, sondern der am meisten angefochtene und darin der Ärmste unter den Verdammten dieser Erde war:

„Geht man dagegen aus reinem Gehorsam Gott gegenüber in den Tod (wie Christus am Kreuz; Ergänzung von mir), dann sieht man den Tod nackt. Der Gehorsam verschleiert nichts. Er ist vollkommen durchsichtig.

Deshalb hat Christus den Tod mehr gefürchtet als die anderen Menschen."[176]

Indem sie in ihrer ganzen Ernsthaftigkeit für sich in ihrer Kreuzesnachfolge nur den Gehorsam in seiner ganzen Fülle begehrte, hat sie, wie kaum ein anderer Mensch, die Bedeutung des Gehorsams Christi am Kreuz erfasst.

---

[174] Ebd. 67f.

[175] Cahiers IV 346.

[176] Ebd. 347.

Die folgenden Ausführungen Moltmanns zu seiner trinitarischen Kreuzestheologie ergänzen und vertiefen die wiedergegebenen Anschauungen Simone Weils in einzigartiger Weise:

„Der Inhalt der Trinitätslehre ist das reale Kreuz Christi selbst. Die Form des Gekreuzigten ist die Trinität. Was ist dann das Heil? Nur wenn alles Unheil, die Gottverlassenheit, der absolute Tod, der unendliche Fluch der Verdammnis und das Versinken im Nichts in Gott selbst ist, ist die Gemeinschaft mit diesem Gott das ewige Heil, die unendliche Freude, die unzerstörbare Erwählung und das göttliche Leben. Die ‚Entzweiung' in Gott muss den ganzen Aufruhr der Geschichte in sich enthalten. In ihr muss man die Verstoßung, den Fluch und das endgültige Nichts selber erkennen. Zwischen dem Vater und dem Sohn steht das Kreuz in seiner ganzen Härte der Verlassenheit. Bezeichnet man das innertrinitarische Leben Gottes als ‚die Geschichte Gottes' (Hegel), so hat diese Geschichte Gottes den ganzen Abgrund der Gottverlassenheit, des absoluten Todes und des Nichts und des Nicht-Gottes in sich. ‚Nemo contra Deum nisi Deus ipse.' Weil in der Geschichte zwischen Vater und Sohn am Kreuz auf Golgatha dieser Tod geschehen ist, geht aus dieser Geschichte der Geist des Lebens, der Liebe und der Erwählung zum Heil hervor.[...] Alle menschliche Geschichte, wie sehr sie von Schuld und Tod bestimmt sein mag, ist in dieser ‚Geschichte Gottes', d.h. in der Trinität aufgehoben und in die Zukunft der ‚Geschichte Gottes' integriert."[177]

Damit wird aber der am Beginn dieser Arbeit ins Treffen geführte Gedanke, dass alles Leiden dieser Welt im Leiden des auferstandenen Gekreuzigten und damit im Leiden Gottes aufgehoben ist, nachdrücklich bestätigt.

Den spezifisch prozesshaften Charakter und damit das forensische Deutungsschema für das Geschehen am Kreuz betont Moltmann, indem er darauf verweist, dass schon Psalm 22 für sich als eine „Rechtsklage" anzusehen ist. Der alttestamentliche Beter verlangt damit nicht das Mitleid Gottes an seiner Passion, sondern die Offenbarung von dessen Gerechtigkeit. Schon der alttestamentliche Beter ruft nach der Treue Gottes um Gottes willen.

Dementsprechend ist auch im Schrei Jesu im Sinn von Psalm 22 der Ruf nach Gott um Gottes willen, damit wiederum die Rechtsklage zu erkennen.[178]

---

[177] Moltmann, Der gekreuzigte Gott 232f.

[178] Vgl. ebd. 143.

„Nur klagt Jesus nicht allein, wie der Beter von Psalm 22, die dem ganzen Volk verheißene Treue des Gottes Israels ein, sondern er klagt auf besondere Weise die Treue seines Vaters zu sich, dem Sohn ein, der für ihn eingetreten ist. Mit den Worten ‚Mein Gott, warum hast du mich verlassen?' steht nicht nur Jesu persönliche Existenz auf dem Spiel, sondern eben seine theologische Existenz, seine ganze Gottesverkündigung. Darum steht mit seiner Verlassenheit zuletzt auch die Gottheit seines Gottes und die Vaterschaft seines Vaters auf dem Spiel, die Jesus den Menschen nahegebracht hatte."[179]

Es handelt sich also bei dieser innertrinitarischen Auseinandersetzung um ein in forensischen Kategorien zu deutendes, prozesshaftes Geschehen, das an Dramatik wahrhaftig nicht zu überbieten ist. Vice versa ist zu sagen, dass die äußerste Dramatik dieses Geschehens nur in diesem forensischen Deutungsschema angemessen zur Sprache gebracht werden kann.

Als fruchtbare Ergänzung hierzu ist aber wiederum die Rede Simone Weils von der Barmherzigkeit als ausschließlich göttliche Eigenschaft ins Spiel zu bringen.

6 Simone Weils Anschauung von der Barmherzigkeit als ausschließlich göttlicher Eigenschaft im Licht der These Karl Rahners von der Einheit von Nächsten- und Gottesliebe

Ansgar Kreutzer kennzeichnet in seinem Werk „Kenopraxis – Eine handlungstheoretische Erschließung der Kenosis-Christologie" die in der Überschrift dieses Kapitels ersichtliche These Karl Rahners als „theologisch durchaus steil".[180]

Diese Einschätzung gilt wohl auch für die wiedergegebene These Simone Weils, dass es sich bei der Barmherzigkeit um eine ganz und gar göttliche Eigenschaft handelt, es demgemäß keine menschliche Barmherzigkeit gibt. Eine These, die, typisch für sie, „ganz und gar" ihrer Neigung zur äußersten Zuspitzung in äußerster Radikalität entspricht.

Nun ist aber wohl für jedermann einsichtig, dass die sogenannten „Werke der Barmherzigkeit" (die hier nicht im Einzelnen aufgezählt werden

[179] Ebd.

[180] Kreutzer 94. Die in diesem Kapitel folgenden Zitate aus Karl Rahner, Die Einheit von Gottes- und Nächstenliebe, sind dem Werk Kreutzers entnommen.

müssen) als Akte der Nächstenliebe zunächst einmal ganz selbstverständlich als menschliche Akte angesehen werden. Demgemäß zeigt sich auch hier wieder eine Tiefensicht Simone Weils, die in der im Vordergrund stehenden Menschenwirklichkeit die darin enthaltene Gotteswirklichkeit erkennt.

Zur Erklärung dieser „Tiefensicht“ bietet sich aber die von Kreutzer dargestellte Lehre von der Einheit von Gottes- und Nächstenliebe Karl Rahners in hervorragender Weise an.

Vorweg ist klarzustellen, dass die schon angesprochenen „Werke der Barmherzigkeit“ Ausdruck einer inneren Einstellung sind (das zeigt sich ja schon etymologisch im Wort „Barm-*herz*-igkeit selbst). Dass aber beispielsweise die Speisung des Hungernden, als Ausdruck dieser Einstellung, als Akt der Nächstenliebe gedeutet werden kann, bedarf, als jedermann einsichtig, keiner weitwendigen Erklärung. Daher stehen Barmherzigkeit und Nächstenliebe in einem untrennbaren gedanklichen Zusammenhang. Demgemäß ist die bezeichnete Lehre Rahners auch hier relevant.

Kreutzer zeigt auf, dass Rahner, zur Stützung seiner Identitätsthese der ‚beiden Lieben‘, auf die, seinen theologischen Ansatz prägende, Denkform der Methode der transzendentalen Reflexion zurückgreift.

Demgemäß trennt Rahner in seinem transzendentalphilosophischen Denken zwei Ebenen: nämlich den thematisch-ausdrücklichen, kategorialen Handlungsvollzug und dessen transzendentalen Horizont.[181]

„Rahner differenziert ‚bei einem menschlich-geistigen Akt [. . .] zwischen seinem ausdrücklichen, kategorial-begrifflich vorgestellten Objekt, das erkennend und wollend thematisch angezielt wird, einerseits, und dem *apriorischen* Formalobjekt, dem transzendentalen Horizont, dem ‚Raum‘, innerhalb dessen ein bestimmter Einzelgegenstand begegnet, andererseits‘. [. . .] Diese ‚Zwei-Ebenen-Konstruktion‘ der Kategorialität und der Transzendentalität menschlicher Handlungsvollzüge wendet Rahner an, um seine These der Identität von Nächsten- und Gottesliebe plausibel zu machen. Einen Akt der Nächstenliebe zugleich als Akt der Gottesliebe zu interpretieren, setzt voraus, dass man ein- und denselben Akt auf den beiden dargestellten Ebenen interpretiert. Die liebende Zuwendung zum/zur Nächsten entspricht der thematisch-kategorialen Ebene des Handlungsvollzuges, die intentional angestrebt wird. Der transzendentale Horizont dieses der Rahner'schen Anthropologie gemäßen Grundaktes der menschlichen Existenz ist

[181] Vgl. ebd. 97.

das damit gleichzeitig – unthematisch mitgegebene – Sich-einlassen auf den tiefsten Wesensgrund menschlicher Existenz, der vor einem religiösen Deutehintergrund, den Rahner voraussetzt, zugleich ein Einlassen auf die göttliche Wirklichkeit, das namenlose göttliche Geheimnis, ist: ‚Wo aber die ganze ‚transzendentale' Tiefe der zwischenmenschlichen Liebe [...] realisiert und vorgestellt wird, ist solche Liebe auch notwendig thematisch Gottesliebe, hat als reflexives Motiv Gott [...].'"[182]

Damit ist aber in der Tat eine grundlegende theologische Aufwertung von Handlungsvollzügen gegeben, die unter dem Ideal der Nächstenliebe stehen.[183] In der Simone Weil auszeichnenden radikalen Zuspitzung gipfelt diese Aufwertung in der These, die wegen ihrer hervorragenden Bedeutung noch einmal wiedergegeben werden soll:

„Die Barmherzigkeit ist eine ganz und gar göttliche Eigenschaft. Es gibt keine menschliche Barmherzigkeit."

Allerdings ist zu diesem Punkt zu betonen, dass nach der Anschauung Simone Weils, mit dem „Erscheinen" der göttlichen Barmherzigkeit in einem Akt der Nächstenliebe, im Akt des Menschen nicht dessen Liebe zu Gott, sondern die Liebe Gottes zu den Menschen aufleuchtet. Das ändert aber nichts an der Relevanz der Lehre Karl Rahners von der Identität von Nächsten- und Gottesliebe zur Erklärung dieser zentralen These Simone Weils. Dieses Spezifikum lässt sich vielmehr mit dem im Kapitel V.3. (siehe insbesondere Seite 70) aufgezeigten Zusammenhang zwischen décréation und Barmherzigkeit erklären:

Wenn und insoweit die Entleerung des menschlichen Ich von der falschen Göttlichkeit in einem Akt der Nächstenliebe erfolgt, tritt der Sohn Gottes selbst als wahres göttliches Ich des Menschen an dessen Stelle. Damit kann aber im transzendentalen Horizont der Tiefensicht Simone Weils die Barmherzigkeit als eine „ganz und gar göttliche Eigenschaft" in dieser Welt gedeutet werden.

---

182 Ebd. 97f. mit der Zitierung Rahners in den Fußnoten 50–52.

183 Vgl. ebd. 99.

VI. Etty Hillesum

1 Die Kunst der Bejahung des Lebens in der äußersten Gefährdung oder die Unfähigkeit zu hassen

„Am Mittwochmorgen in aller Frühe standen wir in einer großen Gruppe im Lokal der Gestapo, [...]. Am meisten fiel ein hin und her laufender junger Mann mit unzufriedenem Gesicht auf, [...]. Er suchte nach Vorwänden, um die unglücklichen Juden anzuschreien: [...]. Als ich vor sein Pult trat, brüllte er mich plötzlich an: ‚Was finden Sie hier lächerlich' [...].

Ich habe eigentlich keine Angst. Nicht weil ich besonders tapfer wäre, sondern in dem Gefühl, dass ich es immer noch mit Menschen zu tun habe und dass ich versuchen will, jede Äußerung zu verstehen, von wem sie auch sei, sofern mir das möglich ist. [...]. Nicht, dass ich von einem unglücklichen Gestapoburschen angeschrien wurde, sondern dass ich darüber keineswegs entrüstet war und eher Mitleid mit ihm hatte, so dass ich ihn am liebsten gefragt hätte: War deine Jugend denn so unglücklich, oder hat dein Mädchen dich betrogen? [...]. Am liebsten hätte ich ihn gleich in psychologische Behandlung genommen, wobei mir sehr stark bewusst war, dass solche Burschen nur bedauernswert sind, solange sie nichts Böses anrichten können, aber lebensgefährlich, wenn sie auf die Menschheit losgelassen werden. [...].

Außerdem an diesem Morgen: die überaus starke Empfindung, dass ich trotz allen Leides und Unrechts, das überall geschieht, die Menschen nicht hassen kann und dass all das entsetzliche und grauenvolle Geschehen nicht etwas geheimnisvoll Fernes und Drohendes von außen ist, sondern uns sehr nahe steht und aus uns Menschen hervorgeht. „[184]

So beschreibt Etty Hillesum in ihrem Tagebuch einen Vorfall Ende Februar 1942 in einem Büro der Gestapo in Holland in der hellwachen und wachsenden Erkenntnis dessen, was den Juden, und damit auch ihr, bevorsteht:

[184] Hillesum 142f.

> „Es geht um unseren Untergang und unsere Vernichtung, darüber sollte man sich keinerlei Illusionen mehr machen. Man will unsere völlige Vernichtung, damit muss man sich abfinden, und dann geht es wieder. [...]. Gut, diese neue Gewissheit, dass man unsere totale Vernichtung will, nehme ich an. Ich weiß es nun. Ich werde den anderen mit meinen Ängsten nicht zur Last fallen. Ich werde nicht verbittert sein, wenn die anderen nicht begreifen, worum es bei uns Juden geht. [...]. Ich arbeite und lebe weiter mit derselben Überzeugtheit und finde das Leben sinnvoll, trotzdem sinnvoll, auch wenn ich mir das kaum noch in Gesellschaft zu sagen getraue."[185]

Was ist der Grund für diese unfassbare Gelassenheit einerseits und die damit verbundene Empathiefähigkeit, die die Liebe zu den Feinden, auch den am Massenmord beteiligten Feinden, einschloss, andererseits?

Bis zum Einmarsch der deutschen Wehrmacht in Holland im Mai 1940 und der danach beginnenden und sich immer mehr verstärkenden Verfolgung der jüdischen Bevölkerung hatte Etty Hillesum kein besonderes Interesse an jüdischen Angelegenheiten. Ihre Eltern pflegten kein koscheres Zuhause. Sie wusste, im Gegensatz zu Simone Weil, wohl von Kindheit an von ihrer jüdischen Herkunft und lernte auch Hebräisch auf dem Gymnasium in Deventer, dem ihr Vater bis zu seiner Entlassung wegen seiner jüdischen Herkunft als Direktor vorstand. Sie hatte auch einige Zeit in einer zionistischen Jugendgruppe verbracht, war aber hauptsächlich von linken, sozialistischen Wertvorstellungen geprägt.[186] Das änderte sich, was die Solidarität mit dem jüdischen Volk betrifft, mit Beginn der Verfolgungsmaßnahmen ganz radikal.

Diese Solidarität ging so weit, dass sie jede bevorzugte Behandlung und sogar das möglicherweise lebensrettende Angebot von Klaas Smelik Senior, sie zu verstecken, ablehnte.[187]

---

[185] Ebd. 186f. (3. 7. 1942). Das ist auch deshalb bemerkenswert, weil die sogenannte „Endlösung der Judenfrage" erst kurze Zeit vorher, bei der Wannseekonferenz im Jänner 1942, beschlossen worden war.

[186] Vortrag Smelik 3. Der Judaist Klaas A. D. Smelik ist Leiter des Etty Hillesum Forschungszentrums in Gent. Seinem Vater Klaas Smelik waren die handschriftlichen Aufzeichnungen Ettys, auf deren Bitte hin, anvertraut worden. Sie wollte also ein fortwirkendes Zeugnis hinterlassen.

[187] Ebd. 3.

„Man sagt zu mir: jemand wie du ist verpflichtet, sich in Sicherheit zu bringen, du hast im Leben später noch viel zu tun, du hast noch so viel zu geben. Was immer ich zu geben habe, das kann ich überall geben, wo ich bin, hier im Freundeskreis oder irgendwo anders in einem Konzentrationslager. Es wäre eine sonderbare Selbstüberschätzung, mich für zu wertvoll zu halten, um in einem gemeinsamen ‚*Massenschicksal*' mit den anderen unterzugehen."[188]

Ihre Solidarität bleibt aber nicht auf das jüdischen Volk beschränkt, sondern weitete sich ins Unermessliche. Sie entwickelte sich immer mehr zu einem grenzenlos für-seienden Menschen, eine Haltung, die im untrennbaren Verhältnis mit ihrem Gottesbild zu denken ist.

Um dies näher zu erklären, ist es unerlässlich, ihr Beziehungsleben gerade als Frau anzusprechen. Im Musiktheater Linz wurde im Jahr 2016 unter dem Titel „Etty – Erotik, Spiritualität und intellektuelle Leidenschaft" eine sehr erfolgreiche szenische Lesung mit Auszügen aus ihrem Tagebuch aufgeführt.[189] Der Titel bringt sehr prägnant zum Ausdruck, dass bei ihr Erotik, Spiritualität und intellektuelle Leidenschaft nicht vollkommen isoliert abgehandelt werden können.

Von wesentlicher Bedeutung für die Weiterentwicklung ihres Gottes- und Menschenbildes war die Liebesbeziehung zu dem aus Berlin emigrierten Psycho-Chirologen Dr. Julius Spier (ebenfalls jüdischer Abstammung), einem Schüler C. G. Jungs, ohne deswegen eine schon bestehende Liebesbeziehung zu einem anderen Mann aufzugeben. Die damit verbundenen Irrungen und Wirrungen beschreibt sie schonungs- aber nicht schamlos.[190]

Das Tagebuch beginnt mit dem Eintrag vom 9. März 1941.

„In erotischer Hinsicht bin ich raffiniert genug, ich würde fast sagen, mit allen Wassern gewaschen, um zu den guten Liebhaberinnen zu gehören, und die Liebe scheint daher auch vollkommen zu sein, bleibt aber doch eine Spielerei um das Wesentliche, und irgendetwas bleibt tief in mir verschlossen. Und so ist es mit allem anderen. Intellektuell bin ich so begabt, dass ich alles aufzuspüren, alles in klare Formeln zu fassen vermag; bei vielen Problemen des Lebens mache ich einen sehr überlegten Eindruck, und dennoch, ganz tief in mir steckt ein geballter

---

188 Hillesum 222f.

189 Das Tagebuch der Etty Hillesum 1941 – 1943. Bühnenfassung und Inszenierung Johannes Neuhauser.

190 In ihrer schonungslosen Wahrhaftigkeit sind sich Etty Hillesum und Simone Weil sehr ähnlich, nicht aber in ihrer Einstellung zur gelebten Erotik.

Klos, irgendetwas hält mich fest im Griff, sodass sich manchmal trotz allem klaren Denkens nur ein ängstlicher, armer Schlucker bin.“[191]

Und dieser „geballte Klos“ löst sich immer mehr in der kurzen, noch verbleibenden Lebenszeit und führt zu einer einzigartigen Intimität ihrer Rede von Gott, die sie als Mystikerin hohen Grades ausweist. Und diese Rede von Gott erfasst ihre ganze Existenz, betrifft daher ihre Leiblichkeit und Körperlichkeit.[192] Im Eintrag vom 21. November 1941 erwähnt sie ihren (nicht mehr ausgeführten) Plan, eine Novelle zu verfassen: „Das Mädchen, das nicht knien konnte [. . .].“[193] Sie schildert mehrfach die nicht aus der jüdischen Tradition stammende[194] Gebärde des Niederkniens:

„Gestern Abend, kurz vor dem Zubettgehen, kniete ich plötzlich mitten in diesem großen Zimmer zwischen den Stahlstühlen auf dem hellen Läufer nieder. Ganz spontan. Zu Boden gezwungen durch etwas, das stärker war als ich selbst. Vor einiger Zeit habe ich zu mir selbst gesagt: Ich übe mich im Knien. Ich geniere mich noch zu sehr wegen dieser Gebärde, die ebenso intim ist wie die Gebärden der Liebe, über die man auch nicht sprechen kann, wenn man kein Dichter ist.“[195]

Das ist eindeutig Ausdruck eines hochgradigen Ergriffenseins im Sinn der Ausführungen von Hans Joas.

Klaas A.D. Smelik verwies bei seinem Vortrag vom 7.3.2016 zum Gottesbild von Etty Hillesum in der Synagoge in Linz, neben ihrer Vorliebe für Rilke, auf die maßgebliche Bedeutung der Bibel für sie. Die Bibel war ihr nicht nur spirituelle Quelle, sondern auch von besonderem literarischen Wert, um den rechten Ausdruck zu finden.

---

191 Hillesum 25.

192 Auf die Bedeutung von Kapitel II.1. zu diesem Thema darf hingewiesen werden.

193 Ebd. 102.

194 Vortrag Smelik 8.

195 Hillesum 125. Hier tut sich eine auffallende Parallele zu Simone Weil auf. In dem um den 15. Mai 1942 verfassten Brief an Pater Perrin schreibt sie: „Im Jahre 1937 verbrachte ich zwei wunderbare Tage in Assisi. Als ich dort in der kleinen romanischen Kapelle aus dem zwölften Jahrhundert von Santa Maria degli Angeli [. . .] allein war, zwang mich etwas, das stärker war als ich selbst, mich zum ersten Mal in meinem Leben auf die Knie zu werfen.“ (ZfG 110). Auffallend ist die Übereinstimmung bis in den Wortlaut hinein.

„Sie gab ihr auch den Antrieb, nach genau den richtigen Worten zu suchen, um ihre eigenen Gedanken aufzuschreiben. Das Buch der Psalmen begleitete sie auf ihrer letzten Reise vom Durchgangslager Westerbork ins Vernichtungslager Auschwitz-Birkenau. Auf einer Postkarte, die sie aus dem fahrenden Zug durch einen Schlitz des Viehwaggons werfen konnte und die glücklicherweise gefunden wurde, schrieb sie:

„Christine, als ich die Bibel aufs Geradewohl öffnete, fand ich dies: ‚Der Herr ist meine Burg'."[196]

In ihrem unermesslichen Eifer, anderen Menschen zu helfen, hatte sie eine Stellung beim „Jüdischen Rat" angenommen, diese aber wieder aufgegeben, weil sie die tatsächliche Funktion, die Organisation des Transportes der holländischen Juden in das Durchgangslager Westerbork und von dort in die Vernichtungslager zu optimieren, durchschaute. Die besondere Infamie bestand darin, die Opfer zu Tätern zu machen, weil sie sich der trügerischen Hoffnung hingaben, dadurch dem Massenschicksal zu entkommen. Dadurch wurde ein Abgrund von Bosheit entfesselt, den sie wie folgt beschreibt:

„Am deprimierendsten ist, dass es unter den Leuten, mit denen ich arbeite, fast niemanden gibt, dessen innerer Horizont sich erweitert hätte. Sie leiden auch nicht wirklich. Sie hassen, sie sind in Bezug auf ihre eigene Person optimistisch verblendet, sie intrigieren und verteidigen ehrgeizig ihre Posten, das Ganze ist ein riesiger Saustall, und es gibt Augenblicke, in denen ich meinen Kopf mutlos auf die Schreibmaschine legen und sagen möchte: ich kann das nicht mehr aushalten. Aber es geht immer weiter, und ich lerne immer mehr über den Menschen hinzu."[197]

Von August 1942 bis September 1943 arbeitete sie mit Unterbrechungen im Lager Westerbork, half, wo sie konnte, und verbreitete „Hoffnung und eine trotzige Fröhlichkeit."[198]

„Wenn wieder einmal eine weinende Frau an einem Tisch in unserer Registratur saß oder ein hungriges Kind, dann ging ich hin und stellte mich schützend hinter sie, die Arme vor der Brust gekreuzt, lächelte ein wenig und sagte *still* in mir zu

[196] Vortrag Smelik 5f.

[197] Hillesum 240.

[198] Feldmann in Hillesum 14.

dem zusammengesunkenen und verzagten Häuflein Mensch: Es ist ja alles nicht so schlimm, es ist wirklich nicht zu schlimm. Und ich blieb stehen und war nur da, denn tun konnte man ohnehin nichts. Manchmal setzte ich mich neben jemand hin und legte den Arm um eine Schulter, redete nicht viel, sondern sah nur in das Gesicht. Nie war mir etwas fremd, jede Äußerung menschlichen Kummers war mir vertraut. [...] Ich getraue mich, jedem Leiden aufrecht ins Auge zu sehen, ich fürchte mich nicht davor. Und wieder und immer wieder am Ende jedes Tages das Gefühl: Ich liebe die Menschen so sehr."[199]

Und unübertrefflich verdichtet: „Man möchte ein Pflaster auf vielen Wunden sein."[200]

Sie hatte ihren Weg gefunden. In einem sich verströmenden weiblichen Für-sein bezeugte sie die Barmherzigkeit Gottes und hatte, jetzt auch ihr Gottesverhältnis ansprechend, erkannt:

„Die Dinge müssen es vertragen können, dass man sie präzise beim Namen nennt. Wenn sie es nicht vertragen, haben sie keine Daseinsberechtigung. Vieles im Leben versucht man durch eine Art vager Mystik zu retten.

Mystik muss auf kristallklarer Ehrlichkeit beruhen. Nachdem man zuvor die Dinge bis zur nackten Realität durchforscht hat."[201]

2 Etty Hillesums mystische Rede von Gott im Licht der Deutung Ulrich Becks in seinem Werk „Der eigene Gott"

In dem erwähnten Vortrag in der Synagoge von Linz verwies Smelik Junior als hervorragender Kenner der Gedankenwelt Etty Hillesums darauf, dass sie nicht von irgendeiner Weltsicht, welcher Art auch immer, vereinnahmt werden wollte. Er verwies dabei auf folgende Passage:

„Am Freitagabend Dialog zwischen S(pier) und L(evie), Christus und die Juden. Zwei Lebensanschauungen, beide scharf umrissen, glänzend dokumentiert, in sich geschlossen, mit Leidenschaft und Aggressivität diskutiert. Trotzdem immer wie-

[199] Hillesum 301f. (Hervorhebung R. D.).

[200] Ebd. 309.

[201] Ebd. 171 (Hervorhebung R. D.).

der das Gefühl, dass in jede bewusst verteidigte Anschauung sich ein gewisser Betrug einschleicht. Dass ständig auf Kosten der ‚Wahrheit' vergewaltigt wird."[202]

Das entspricht der Anschauung Becks, nach der Etty Hillesums Gottesrede geradezu paradigmatisch für eine „Theologie des eigenen Gottes" anzusehen ist. Kennzeichnend hierfür ist, dass

> „ihr ‚eigener' Gott nicht der Gott der Synagogen oder der Kirchen oder der ‚Gläubigen', *die sich von ‚Ungläubigen' abgrenzen*, ist. ‚Ihr' Gott weiß nichts von der Häresie, den Kreuzzügen, den unsäglichen Grausamkeiten der Inquisition, von Reformation und Gegenreformation oder religiös motiviertem Massenmordterrorismus."[203]

Dem kann ich mit Überzeugung zustimmen. Genauso wenig ist gegen die Anschauung Becks einzuwenden, dass

> „Etty Hillesums Tagebuch des eigenen Gottes exemplarisch zeigt, (dass) die symbolischen Distinktionskämpfe und Monopolansprüche, die in der Welt der priesterlichen Religionen herrschen, in der Welt der individualisierten Glaubensbewegungen keine Rolle (spielen)."[204]

Es erhebt sich allerdings die Frage, ob die Rede von Gott in den Synagogen oder den Kirchen zwangsläufig mit symbolischen Distinktionskämpfen und Monopolansprüchen verbunden sein muss und wie die Abgrenzung von Gläubigen und Ungläubigen erfolgt und mit welchen Konsequenzen sie verbunden wird. Oder mit anderen Worten: welches Gottesbild wird in den Synagogen und Kirchen verkündet?

Daher ist vorher noch auf das Gottesbild Etty Hillesums näher einzugehen und abzuklären, ob es nicht auch „in den Synagogen und Kirchen" verkündet werden könnte.

In diesem Punkt ist eine lebendige Entwicklung einer sich fortwährend vertiefenden Beziehung zu erkennen.[205] Eine Entwicklung von einer ihr von Julius Spier, zunächst nur als Therapeut, angeratenen Selbstbeschreibung

---

202 Vortrag Smelik 4 (Hillesum 116).

203 Beck 15 (Hervorhebung R. D.).

204 Ebd. 32f.

205 Hillesum 189 (3. 7.1942): „Meine Entwicklung geht von Tag zu Tag ungehindert weiter, auch mit der Möglichkeit der Vernichtung vor Augen."

ihrer inneren Befindlichkeit zu einem echten Gespräch mit einem Du. Dieses Gespräch mit dem Du nicht nur, aber hauptsächlich, in ihrem Inneren wird schließlich für Sie zu einer sie überwältigenden Erfahrung der Realität Gottes, die sie in dem sehr späten Brief vom 18. August 1943 aus Westerbork (von wo sie am 7. September 1943 in einem anderen Güterwaggon als ihre Eltern und ihr Bruder Mischa in das Vernichtungslager abtransportiert wurde) unvergleichlich ergreifend und überzeugend ausdrückt:

> „Du hast mich so reich gemacht, mein Gott, lass mich auch mit vollen Händen davon austeilen. Mein Leben ist zu einem ununterbrochenen Zwiegespräch mit dir, mein Gott geworden, zu einem einzigen großen Zwiegespräch. Wenn ich in einer Ecke des Lagers stehe, die Füße auf deiner Erde, das Gesicht zu deinem Himmel erhoben, dann laufen mir manchmal die Tränen über das Gesicht, entsprungen aus einer inneren Bewegtheit und Dankbarkeit, die nach einem Ausweg sucht. Auch abends, wenn ich im Bett liege und in dir ruhe, mein Gott, rinnen mir manchmal die Tränen der Dankbarkeit übers Gesicht, und das ist mein Gebet.“[206]

Der Soziologe Beck will keine „Theologie des eigenen Gottes“ schreiben. Er postuliert aber, dass eine solche Theologie die

> „Verbindung zwischen dem Wissen um das menschliche Selbst und dem Wissen um die Präsenz Gottes im eigenen Leben ebenso wie die Verbindung zwischen der Liebe des Anderen – des ‚religiösen Anderen‘, des ‚nationalen Anderen‘, des ‚Nachbarn‘, des ‚Feindes‘ – und die Liebe zu Gott und die Verbindung des hilflosen Selbst mit dem hilflosen eigenen Gott ins Zentrum stellen müsste.“[207]

Der Sache nach lässt er keinen Zweifel daran, dass Etty Hillesum eine derartige Theologie im engeren Sinn zwar ebenfalls nicht geschrieben, aber durch ihre Aufzeichnungen und ihr Leben ein kostbares Zeugnis hierfür abgelegt hat.

Das zur Kenntnis nehmen der Liebe des je Anderen und umso mehr die Liebe zum je Anderen stellt aber Grenzen in Frage, steht also auch im Zusammenhang mit Grenzerfahrungen oder, präziser gesagt, Entgrenzungserfahrungen. Damit ist aber geradezu zwingend das Thema Mystik angesprochen.

---

[206] Ebd. 325.

[207] Beck 23f.

Kennzeichnend für jede Mystik ist wohl eine besondere Intensität des „Ergriffenseins", sie muss aber nicht zwangsläufig mit Visionen, Auditionen oder Elevationen verbunden sein.

Smelik Junior hat bei seinem Vortrag zum Gottesbild Etty Hillesums darauf hingewiesen, dass sie sehr häufig von einem Gott in ihr schreibt, der ihr (man könnte ergänzen: selbstverständlich) nicht immer zugänglich war. Beispielsweise:

> „In mir gibt es einen ganz tiefen Brunnen. Und darin ist Gott. Manchmal ist der nicht erreichbar. Aber oft liegen Steine und Geröll auf dem Brunnen und dann ist Gott begraben. Dann muss er wieder ausgegraben werden. Ich stelle mir vor, dass es Menschen gibt, die beim Beten die Augen zum Himmel erheben. Sie suchen Gott außerhalb ihrer selbst. Es gibt auch andere, die den Kopf senken und in den Händen verbergen; ich glaube, diese Menschen suchen Gott in sich selbst."[208]

Smelik bezeichnet den „Gott in ihr" als immanenten Gott im Gegensatz zum transzendenten Gott als Schöpfer des Himmels und der Erde (zu dem der Mensch die Augen erhebt).[209] Das kann man so sagen. Fruchtbarer scheint es mir aber zu sein, diese Äußerungen Etty Hillesums als die Gotteserfahrungen einer Mystikerin höchsten Ranges zu deuten. Einer Mystikerin mit „kristallklarer Ehrlichkeit", wie sie selbst schreibt. Die weibliche Form ist nicht nur wegen ihr und Simone Weil, sondern auch deswegen angebracht, weil es sich in der Tat sehr häufig um Frauen handelt, was auch mit einer besonderen weiblichen Empathiefähigkeit erklärt werden kann. Mystikerinnen sind Menschen, die „etwas ‚erfahren' haben."[210]

Und es ist für Mystiker(innen) ganz charakteristisch, von Gotteserfahrungen in der Tiefe des eigenen Herzens zu sprechen, von denen sie „ergriffen" werden (Hans Joas). Das Hauptwerk der wohl bedeutendsten christlichen Mystikerin der Neuzeit, Theresa von Avila, wurde von ihr ja nicht zufällig mit „Die innere Burg (Castillo interior)" betitelt.

Unvergleichlich schön schreibt dazu Angelus Silesius in seinem Cherubinischen Wandersmann in einem Zweizeiler:

---

208 Hillesum 81, Eintrag vom 26.8.1941.

209 Vortrag Smelik 9.

210 Rahner, Frömmigkeit früher und heute 39, der damit den „Frommen von morgen" kennzeichnet.

„Halt an, wo läufst du hin? Der Himmel ist in dir;
suchst du Gott anderswo, du fehlst ihn für und für.“[211]

Etty Hillesum verwendet im Eintrag vom 5. September 1942 beinahe den gleichen Wortlaut:

Warum darf ich nicht auch im Himmel leben? Da es den Himmel ja gibt, warum darf man dann nicht darin leben? Aber eigentlich ist es eher umgekehrt: *Der Himmel lebt in mir*.“[212]

Moltmann zitiert dazu den evangelischen Mystiker Gerhard Tersteegen –

„Schließ zu die Tore deiner Sinnen
und suche Gott tief drinnen“–

und verweist darauf, dass man seiner Seele auf den Grund kommen muss, denn in ihrem tiefsten Grund reicht jede Seele an das Göttliche heran. Das ist ihr Geheimnis. Das damit naheliegende Wort Spiritualität sagt, dass damit eine Ergriffenheit des Menschen vom Geist Gottes ausgedrückt wird. Spiritualität entwickelt sich dort, wo der Geist Gottes erfahren wird.[213]

Schon die bisherigen Zitate aus ihrem Werk bieten eine Fülle von Anhaltspunkten, dass auch Etty Hillesum „etwas“ erfahren hat und dass sie die natürlich spezifisch christliche Rede Moltmanns vom „Geist Gottes“ ganz gewiss nicht als vereinnahmend empfunden hätte. Dazu war sie sich ihres Gottes zu gewiss und scheute keine Grenzüberschreitungen.

„Dostojewski und Rilke und der heilige Augustinus. Und die Evangelisten. In so hoher Gesellschaft verkehre ich. Und damit ist nicht die ‚Schöngeisterei‘ von früher verbunden. Jeder erzählt mir auf seine Art von der Wirklichkeit, aus unmittelbarer Nähe.“[214]

Und (ein Streitgespräch mit Klaas Smelik Senior schildernd):

‚Es ist die einzige Möglichkeit, Klaas, ich sehe keinen anderen Weg, als dass jeder von uns Einkehr hält in sich selbst und all dasjenige in sich ausgerottet und vernichtet, was ihn zu der Überzeugung führt, andere vernichten zu müssen. Wir müssen durchdrungen sein von dem Gedanken, dass jeder Funken Hass, den wir

[211] Grabert 120.

[212] Hillesum 255 (Hervorhebung R. D.).

[213] Vgl. Moltmann, Der lebendigen Gott und die Fülle des Lebens 158.

[214] Hillesum 155.

der Welt hinzufügen, sie noch unwirtlicher macht, als sie ohnehin ist. Und Klaas, der alte, verbissene Klassenkämpfer, sagte entrüstet und erstaunt zugleich: ,Ja, aber das – aber das wäre ja wieder das Christentum!'

Und ich, über so viel plötzliche Verwirrung amüsiert, sagte ganz gelassen: ,Ja, warum eigentlich auch nicht – Christentum?'"[215]

Mystikerinnen sprechen aber, wenn sie als solche sprechen, immer von ihrem „eigenen Gott". Das ist aber eine Rede, die mit einem Wagnis in zweifacher Hinsicht verbunden ist: Es verfügen nicht alle Menschen über ein entsprechendes Sensorium. Die notwendigerweise „orthodoxiebeflissenen" (siehe Tück in seinem Kommentar zur Meditation des Papstes in Yad Vashem) amtlichen, und damit ja grundsätzlich dazu berufenen, häufig aber auch nur beflissenen Hüter der eingegrenzten und damit mediatisierten Wahrheit fürchten, zumindest mitunter, nicht nur deren Relativierung, sondern wohl auch eine Relativierung der eigenen (Deutungs-) Macht.

Die echten (von kristallklarer Ehrlichkeit durchdrungenen) Mystiker(innen) reden und handeln aber aus der Gewissheit des „eigenen Gottes" heraus, in der die Grenze zwischen Transzendenz und Immanenz zwar nicht verschwindet (das ist der stets bleibenden Geheimnishaftigkeit Gottes geschuldet), aber von einer trennenden Mauer zu einem verbindenden Weg wird. Und dieser Weg weist in das von Rahner genannte „morgen", und gewinnt damit eschatologischen Charakter.

Und gerade in diesem Zusammenhang bedarf es auch einer Besinnung auf das, was Rahner mit seiner ebenfalls grenzüberschreitenden Rede vom anonymen Christentum gemeint haben könnte. Dass diese Rede ganz gewiss nicht vereinnahmend gemeint ist, wurde im Kapitel II.1. erläutert. Es ist in ihr, ganz im Gegenteil, eine grenzüberschreitende, mit staunender Dankbarkeit verbundene Öffnung der Kirche in Richtung auf die Wahrheit „der Anderen" zu erkennen. Sein Schüler Metz hat insofern vollkommen überzeugend erkannt, dass Rahner darin eine Aufbruchstendenz im Christentum und in seiner Kirche und ein Gespür von der Weite Gottes und der Enge der Kirche zu vermitteln suchte. Rahner hat dabei gegen den

„Drang, sich nur unter Gleichgesinnten aufzuhalten, die Gefahr einer künstlichen Isolation der Verkündigungssprache [. . .] mit einer geradezu mystisch anmuten-

[215] Ebd. 276.

den Kraft seines Heilsoptimismus angekämpft. Er blieb immer ein Universalist des Heils, und darin wurzelt auch das Pathos vom anonymen Christentum."[216]

Etty Hillesum verkörpert diese mystisch anmutende Kraft eines Heilsoptimismus geradezu paradigmatisch, indem sie, über Rahner hinausweisend, sogar von einem der Hilfe durch die Menschen bedürftigen Gott redet.

3 Die Weitung des Horizonts durch Etty Hillesums Anschauung von einem hilfsbedürftigen Gott in der Zusammenschau mit der gleichen Einsicht Dietrich Bonhoeffers

„*Sonntagmorgengebet.* Es sind schlimme Zeiten, mein Gott. Heute Nacht geschah es zum ersten Mal, dass ich mit brennenden Augen schlaflos im Dunkeln lag und viele Bilder menschlichen Leides an mir vorbeizogen. Ich verspreche dir etwas, Gott, nur eine Kleinigkeit. Ich will meine Sorgen um die Zukunft nicht als beschwerende Gewichte an den jeweiligen Tag hängen, aber dazu braucht man eine gewisse Übung. Jeder Tag ist für sich selbst genug. *Ich will dir helfen, Gott, dass du mich nicht verlässt, aber ich kann mich von vornherein für nichts verbürgen. Nur dies eine wird mir immer deutlicher: dass du uns nicht helfen kannst, sondern dass wir dir helfen müssen, und dadurch helfen wir uns letzten Endes selbst.* Es ist das Einzige, auf das es ankommt: ein Stück von dir in uns selbst zu retten, Gott. Und vielleicht können wir mithelfen, dich in den gequälten Herzen der anderen Menschen auferstehen zu lassen. *Ja, mein Gott, an den Umständen scheinst du auch nicht viel ändern zu können, sie gehören nun mal zu diesem Leben.* Ich fordere keine Rechenschaft von dir, du wirst uns später zur Rechenschaft ziehen. *Und mit fast jedem Herzschlag wird mir klarer, dass du uns nicht helfen kannst, sondern dass wird dir helfen müssen und deinen Wohnsitz in unserem Inneren bis zum Letzten verteidigen müssen.*"[217]

Schon eine erste Betrachtung dieses Ausschnittes aus ihren Aufzeichnungen vom 12. Juli 1942 lässt erkennen, dass es sich hier um eine Schlüsselstelle ihrer Überlegungen zu einem ohnmächtigen und hilfsbedürftigen

[216] Metz 115.

[217] Hillesum 224 (Hervorhebungen R. D.). Es ist doch erwähnenswert, dass sie hier ihr Gottesbild in der Form eines Gebetes verdichtet, das sie mit dem Tag der Woche betitelt, an dem von den Christen die Auferstehung des Gekreuzigten gefeiert wird. Darin wird wiederum ersichtlich, dass sie keine Abgrenzungsängste plagten.

Gott handelt. Das zeigt die Wiederholung des gleichen Gedankens in rascher Folge, verbunden mit der Steigerung durch die „kristallklare" Schilderung ihrer innersten Befindlichkeit.

Darüber hinaus wird von ihr, gewiss nicht zufällig, sondern aus einem von ihr gesehenen inneren Zusammenhang heraus, in dieser Schlüsselstelle auch sehr eigenwillig das Thema Auferstehung und weiters auch ihr Verzicht auf die Theodizeefrage angesprochen.

Es hat sich hier anscheinend ein „Klos gelöst". Die Deutung auch ihrer Entwicklung als „Sichtöffnung durch die Nähe des Todes" (siehe oben Seite 17) in einer ähnlichen, durch Ohnmachtserfahrungen gekennzeichneten, Lebenslage lässt es naheliegend erscheinen, auf die Überlegungen des evangelischen Theologen Dietrich Bonhoeffer in seinen im Wehrmachtsuntersuchungsgefängnis Berlin-Tegel verfassten Briefen und sonstigen Aufzeichnungen einzugehen. Er wurde am 9. April 1945 im KZ Flossenbürg wegen seiner Beteiligung am Widerstand gegen Hitler gehängt.

Jürgen Moltmann, dessen Theologie für diese Arbeit offenkundig von hervorragender Bedeutung ist, bekundet selbst, dass er ganz entscheidend von der Theologie Bonhoeffers geprägt ist.[218] Bonhoeffers Gedanken zum Thema eines ohnmächtigen, hilfsbedürftigen (und leidenden) Gottes sind ebenfalls nicht in Form einer wissenschaftlichen theologischen Abhandlung, sondern in Briefen an seinen Freund und früheren Schüler Eberhard Bethge, oder überhaupt in der Sprachform der Poesie formuliert worden, wie in dem Anfang Juli 1944 entstandenem Gedicht[219]:

> Christen und Heiden
>
> Menschen gehen zu Gott in ihrer Not,
> flehen um Hilfe, bitten um Glück und Brot
> um Errettung aus Krankheit, Schuld und Tod.
> So tun sie alle, alle, Christen und Heiden.
>
> Menschen gehen zu Gott in Seiner Not,
> finden ihn arm, geschmäht, ohne Obdach und Brot,
> sehn ihn verschlungen von Sünde, Schwachheit und Tod.
> Christen stehen bei Gott in Seinen Leiden.

---

[218] Vgl. Moltmann, Der lebendigen Gott und die Fülle des Lebens 9: „Bonhoeffers Briefe aus dem Gefängnis erschienen 1951 und waren für mich jahrelang wie ein Andachtsbuch."

[219] DBW 8, 515f.

Gott geht zu allen Menschen in ihrer Not,
sättigt den Leib und die Seele mit seinem Brot,
stirbt für Christen und Heiden den Kreuzestod,
und vergibt ihnen beiden.

In seinem Brief vom 16.7.1944 schreibt er dazu:

„Gott lässt sich aus der Welt herausdrängen ans Kreuz, Gott ist ohnmächtig und schwach in der Welt und gerade und nur so ist er bei uns und hilft uns. Es ist Matthäus 8,17 ganz deutlich, dass Christus nicht hilft kraft seiner Allmacht, sondern kraft seiner Schwachheit, seines Leidens! [...] Die Religiosität[220] des Menschen weist ihn in seiner Not an die Macht Gottes in der Welt, Gott ist der deus ex machina. Die Bibel weist den Menschen an die Ohnmacht und das Leiden Gottes; nur der leidende Gott kann helfen.[221]

Nun ist vollkommen klar, dass diese Rede Bonhoeffers von einem ohnmächtigen und der Hilfe durch die Menschen bedürftigen Gott über die Anschauung Ettys hinausgeht und hinausgehen muss. Sie teilt ja nicht den Glauben Bonhoeffers an Jesus Christus als Sohn und damit die Anschauung eines trinitarischen Gottes. Wenn man aber Rahners Lehre vom anonymen Christentum in dem oben angesprochenen Sinn (vor allem in der Deutung von Metz) richtig versteht, könnte man unter den in der letzten Zeile der zweiten Strophe des Gedichts „Christen und Heiden" genannten „Christen" aber eben auch „anonyme Christen" verstehen. Dann würde aber diese zweite Strophe ganz und gar auch der Auffassung Ettys von einem ohnmächtigen Gott entsprechen.

Das von Hans Jonas angesprochene „rettende Wunder" entspricht der Vorstellung eines von Bonhoeffer als Götzen entlarvten „deus ex machina". Eines Gottes, der aus allen Nöten hilft, Rätsel löst und Fragen beantwortet (wenn er nur mit entsprechender Hartnäckigkeit im Gebet darum angerufen wird). Eberhard Bethge schreibt dazu in seiner großen Bonhoeffer-Biografie anschaulich:

---

220 Die Religionskritik Bonhoeffers, mit der (vereinfacht gesagt) Unterscheidung von Religion als Konstrukt des Menschen und dem von Gott geschenkten Glauben, soll hier nicht näher erläutert werden.

221 Ebd. 534.

„Die christliche Religion wird damit zur geistlichen Apotheke. Religiöse Predigt weist dem Hörer seine Hilfsbedürftigkeit nach, um ihm dann die angemessene Dosis an Heilmitteln auszuteilen.

Bonhoeffer liegt hier daran, zu zeigen, wie die wahre Gottlosigkeit des Menschen ausgerechnet mit Religiosität, sogar mit Pietismus verhängnisvoll verdeckt wird. Christus darf nicht zur ‚Antwort', ‚Lösung' oder ‚Medizin' gemacht werden. Religion lebt von der Macht Gottes, aber ‚die Bibel weist den Menschen an die Ohnmacht und das Leiden Gottes'.

Dieses Konzept macht die Religion wiederum zum Fluchtweg fort vom wirklichen Leben und von mündiger Verantwortlichkeit in ihm."[222]

Wenn man nun in diesem Zitat das Wort „christlich" auslässt und statt Christus schlicht Gott einsetzt, erschließt die Diagnose Bethges auch die Rede Ettys von einem hilfsbedürftigen Gott.

Und bei allem Respekt vor herkömmlichen, in der Regel gut gemeinten, religiösen Redeweisen, aber vor allem vor den Opfern, muss man doch den Gedanken an ein „rettendes Wunder" im *herkömmlichen* Sinn im Zusammenhang mit Auschwitz als geradezu absurd zurückweisen. Das muss aber Konsequenzen für die *herkömmliche* Rede von der Allmacht Gottes haben und diese entschieden infrage stellen.[223]

Christiane Tietz hat sich bei ihrem Vortrag bei der Jahrestagung der Internationalen Bonhoeffer-Gesellschaft in Eisenach 2009 unter dem Titel „Der leidende Gott"[224] mit der Kritik an der Rede vom leidenden Gott auseinandergesetzt und diese wiederum einer Kritik unterzogen. Sie erwähnt vor allem den Einwand Karl Rahners bei einem Seminar an der Universität Freiburg am 15.7.1977, der, in der von ihr herangezogenen Quelle, wie folgt lautet:

„‚Um – einmal primitiv gesagt – aus meinem Dreck und Schlamassel und meiner Verzweiflung herauszukommen, nützt es mir doch nichts, wenn es Gott – um es

---

[222] Bethge 982f.

[223] Allerdings könnte man Spekulationen anstellen, warum die Alliierten nicht versuchten, durch gezielte Bombardements die Transportwege nach Auschwitz zu unterbrechen. Damit würde aber wieder die Frage nach der Verantwortung von Menschen aufgeworfen werden. Sich mit den entsprechenden Quellen auseinanderzusetzen, sprengte aber den Rahmen dieser Arbeit.

[224] Tietz 25.

einmal grob zu sagen, genauso dreckig geht'. Auch er wolle ,nicht leugnen ..., dass Gott gestorben ist ... aber auf der anderen Seite gehört es doch zu meinem Trost, dass Gott, wenn und insofern er in diese Geschichte selber als in seine eigene eingestiegen ist, jedenfalls auf andere Weise eingestiegen ist als ich. Denn ich bin von vornherein in diese Grässlichkeit hineinzementiert, während Gott ... in einem wahren und echten und für mich tröstenden Sinn der Deus impassabilis ist [der leidensunfähige Gott], der Deus immutabilis [der unveränderliche Gott] usw. ist.'"[225]

Tietz verweist nun meines Erachtens vollkommen einsichtig darauf, dass Rahners allmächtiger Gott dem Leiden in dieser Welt kein Ende setzt, demgemäß als Erklärung nur der Verweis auf die Geheimnishaftigkeit Gottes bis in das Eschaton hinein verbleibt.[226] In dem Bewusstsein der Unverzichtbarkeit der aufgezeigten Theologie Rahners für diese Arbeit und in der Bescheidung, dass immer eine Geheimnishaftigkeit Gottes verbleibt, die immer größer wird, je mehr man sich ihr nähert, ist die Auffassung Etty Hillesums (naturgemäß ohne trinitarische Differenzierung) und Bonhoeffers in diesem Punkt doch ungleich überzeugender.

Tietz verweist zutreffend darauf, dass Bonhoeffer nicht meint, die Ohnmacht Gottes ersetze seine Allmacht:

„Zwar sagt er zunächst: ,Christus [hilft] nicht ... kraft seiner Allmacht' (DBW 8, 534). Doch später hält er fest: ,Aus der Freiheit [Jesu] von sich selbst, aus dem „Für-andere-Dasein" bis zum Tod entspringt [...] die Allmacht, Allwissenheit, Allgegenwart' (DBW 8, 558).

Gottes Allmacht ergibt sich aus seinem Dasein für Andere, aus seiner mitleidenden Liebe. Die ,Macht' dieser Liebe besteht darin, dass sie das Leid des Anderen nicht zurückweichen lässt. Denn es gibt nichts, was diese befürchten müsste aus Angst, daran zu Grunde zu gehen. Während menschlicher Liebe das Leid des Anderen zu viel werden kann, gilt dies für Gottes Liebe nicht. *Gottes Liebe – genau das ist ihre Allmacht – vermag alles zu ertragen, ohne daran zu zerbrechen. Sie ist darin allmächtig, dass sie alles zu erdulden vermag, ohne aufzuhören (1Kor 13,7f.).* Auch den Tod des Anderen erleiden zu müssen, richtet sie nicht zu Grunde (Hl 8,6). Gottes Liebe hält die liebevolle Bezogenheit auf den anderen auch im Tode aufrecht. Deshalb überwindet sie den Tod. Es ist die Liebe des Vaters, die trotz des elenden

[225] Ebd. 38 mit Fußnote 71; ähnlich auch Kreutzer 409 mit Fußnote 123.

[226] Vgl. ebd. 38.

Bildes, das der Sohn abgibt, und trotz des Todes des Sohnes nicht aufhört – und ihn so ins Leben auferweckt."[227]

Ich wüsste nicht, wie ich *dieses* Verständnis der göttlichen Allmacht besser darstellen könnte. Diese Allmacht wird ausgedrückt in der göttlichen Barmherzigkeit, von der Simone Weil als lebendiger Erfahrung spricht. Etty Hillesum ebenfalls hat auf einzigartige Weise die Barmherzigkeit Gottes und damit auch dessen Allmacht der Liebe bezeugt.

Anknüpfend an die schon angesprochenen trügerischen Allmachtsphantasien der Menschen zur scheinbaren Bewältigung der eigenen Kontingenz- bzw. Ohnmachtserfahrungen ist noch auf Tietz' Hinweis auf den Gedanken Moltmanns in „Der gekreuzigte Gott" (dort 201) zu verweisen:

„Demgegenüber wäre jedoch zu fragen, ob nicht umgekehrt das Glauben an den allmächtigen, an nichts leidenden Gott eine Projektion ist [...]. Das Gefühl der Überforderung und Hilflosigkeit soll dann mit dem Gottesglauben betäubt werden."[228]

Ein ohnmächtiger und leidender Gott kann schwerlich als religiöses Opium des Volkes (Karl Marx) denunziert werden. Um Missverständnisse zu meiden, die letztlich wieder in dem überholten religiösen Bild der Allmacht Gottes wurzeln, ist noch der Hinweis Tietz' auf Wolf Krötkes „Gottes Klarheiten. Eine Neuinterpretation der Lehre von Gottes ‚Eigenschaften'" beizufügen:

Wolf Krötke hat zu Recht eingewandt, dass Machtstrukturen und Machtausübung gegenüber dem anderen die Liebe verderben. Es ist also verfehlt, der göttlichen Liebe ‚Unüberwindlichkeit' (Jürgen Werbick) oder ‚Unwiderstehlichkeit' (Ingolf U. Dalferth), sohin eine Macht zuzusprechen, bei der es um ‚Machtstrukturen und Vorsätze der Machtausübung' geht.[229]

227 Ebd. 39f. (Hervorhebung R. D.). Ich verweise auf das selbstverständlich nicht anmaßend gemeinte Selbstzeugnis Etty Hillesums (oben Seite 89), in dem ich vor dem Hintergrund der Ausführungen Tietz' eine besondere Nähe zum Geheimnis Gottes erblicke: „Ich getraue mich, jedem Leiden aufrecht ins Auge zu sehen, ich fürchte mich nicht davor. Und wieder und immer wieder am Ende jedes Tages das Gefühl: Ich liebe die Menschen so sehr." Außerdem ist auf den ergreifenden Gleichklang mit der Auffassung Simone Weils über den liebenden Gott, „der um unsere Liebe bettelt" zu verweisen (Seite 68).

228 Ebd. 40.

229 Vgl. ebd. 39, Fußnote 77.

Die Allmacht der Liebe Gottes zwingt niemanden und erzwingt nichts.

Des inneren Zusammenhanges wegen ist noch auf die weiteren, natürlich nicht zufälligen, sondern als Konsequenz des neuen Gottesbildes und der damit zusammenhängenden gleichartigen Lebenseinstellung sich ergebenden Übereinstimmungen von Etty Hillesum und Dietrich Bonhoeffer zu verweisen.

Schon die bisherigen Zitate aus ihren Aufzeichnungen lassen erkennen, dass auch sie in der äußersten Bedrängnis und im barmherzigen Mitleiden von einem umwerfenden Optimismus geprägt ist.

Bonhoeffer hat um die Jahreswende 1942/1943 zur Bestärkung seiner Mitverschwörer einen Essay verfasst, den er mit „Nach zehn Jahren" betitelte. Dort findet sich ein Kapitel über den Optimismus.

„Es ist klüger, pessimistisch zu sein; vergessen sind die Enttäuschungen und man steht vor den Menschen nicht blamiert da. So ist Optimismus bei den Klugen verpönt. Optimismus ist in seinem Wesen keine Ansicht über die gegenwärtige Situation, sondern er ist eine Lebenskraft, eine Kraft der Hoffnung, wo andere resignieren, eine Kraft, den Kopf hoch zu halten, wenn alles fehlzuschlagen scheint, eine Kraft, Rückschläge zu ertragen, eine Kraft, die die Zukunft niemals dem Gegner lässt, sondern sie für sich in Anspruch nimmt. Es gibt gewiss auch einen dummen, feigen Optimismus, der verpönt werden muss. […]. Es gibt Menschen, die es für unernst, Christen, die es für unfromm halten, auf eine bessere irdische Zukunft zu hoffen und sich auf sie vorzubereiten. Sie glauben an das Chaos, die Unordnung, die Katastrophe als den Sinn des gegenwärtigen Geschehens und entziehen sich in Resignation oder frommer Weltflucht der Verantwortung für das Weiterleben, […]. Mag sein, dass der jüngste Tag morgen anbricht, dann wollen wir gern die Arbeit für eine bessere Zukunft aus der Hand legen, vorher aber nicht."[230]

Hätte Etty Hillesum diese Zeilen lesen können, hätte sie Bonhoeffer gewiss aus vollem Herzen zugestimmt, weil auch sie in ihrer Lebensbejahung von einer besonderen Diesseitsfrömmigkeit und damit weltzugewandter Diesseitsbejahung geprägt war, die sich in einer weiteren auffallenden Übereinstimmung zeigt:

„Vom Alten Testament gehen Urkräfte aus, aber es ist doch etwas ‚Volkstümliches' darin. Prächtige Kerle, voller Leben. Dichterische, strenge Form. Die Bibel ist eigentlich ein ungemein spannendes Buch, hart und gefühlvoll, naiv und weise

[230] DBW 8, 36.

zugleich. Nicht nur was darin ausgesagt wird, ist interessant, sondern auch die Person derer, die etwas aussagen."[231]

Dazu Bonhoeffer:

„Ich spüre übrigens immer mehr, wie alttestamentlich ich denke und empfinde; so habe ich in den vergangenen Monaten auch viel mehr Altes Testament als Neues Testament gelesen. Nur wenn man die Unaussprechlichkeit des Namens Gottes kennt, darf man auch einmal den Namen Jesus Christus aussprechen; nur wenn man das Leben und die Erde so liebt, dass mit ihr alles verloren und zu Ende zu sein scheint, darf man an die Auferstehung der Toten und eine neue Welt glauben; nur wenn man das Gesetz Gottes über sich gelten lässt, darf man wohl auch einmal von Gnade sprechen, und nur wenn der Zorn und die Rache Gottes über seine Feinde als gültige Wirklichkeiten stehen bleiben, kann von Vergebung und von Feindesliebe etwas unser Herz berühren. Wer zu schnell und zu direkt neutestamentlich sein und empfinden will, ist meines Erachtens kein Christ."[232]

So wie Etty Hillesum als Jüdin vollkommen unbefangen auch im Neuen Testament einen bleibenden Schatz entdecken kann, erkennt der Christ und Theologe Bonhoeffer besonders im Alten Testament die Fülle des göttlichen Lebens in den Geschichten vom erwählten Volk der Juden mit allen Irrungen und Wirrungen in einer Zeit des mörderischen Antisemitismus.[233] Wie unverzichtbar die Rede auch vom Zorn Gottes ist, zeigte sich bereits in der Darstellung der Theologie Kazoh Kitamoris.

Eine beinahe zwangsläufige Konsequenz der Auffassungen Ettys und Bonhoeffers (in seinen Aufzeichnungen während der Haft) über einen ohnmächtigen und hilfsbedürftigen Gott besteht auch in ihrer auffällige Übereinstimmung zur Relevanz der Theodizeefrage.[234]

---

231 Hillesum 200f.

232 DBW 8, 226.

233 Hier muss auf einen wesentlichen Unterschied zur Auffassung Simone Weils hingewiesen werden. Sie schätzte im Alten Testament nicht zufällig etwa das Buch Hiob, in dem das prozesshafte, forensische Element von Rede und Widerrede im Ringen um die Wahrheit eine besondere Rolle spielt (Pétrement 480). Die Schilderung eines gewalttätigen Gottes, der einseitig für die Hebräer Partei ergreift und die Vernichtung ihrer Gegner fordert, verabscheute sie geradezu inbrünstig. Auf ihre besondere Sympathie für Marcion wurde schon hingewiesen (siehe oben Seite 53). Nach Pétrements Auffassung hatte Simone Weil nur sehr unzureichende Kenntnisse über die jüdische Religion (Pétrement 534).

234 Bonhoeffer hatte sich damit als Theologe zwangsläufig auseinanderzusetzen. Ein Blick

Auch zu diesem Punkt zeigt Tietz überzeugend auf:

„Wenn aber Gott *selbst* leidet und Gott selbst (das Paradox kann nur trinitarisch, als Geschehen zwischen den göttlichen Personen von Vater und Sohn gedacht werden) Gottverlassenheit erlebt, dann bekommen Leid und Gottverlassenheit ihren Ort in Gott. Damit trennt den Menschen sein eigenes Leid und erst recht seine eigene Gottverlassenheit nicht mehr von Gott [...]. Seit Jesus Christus, der Sohn Gottes, diese Tiefe durchlebt hat, gibt es keine wirkliche Gottverlassenheit mehr, ja kommt Gott uns in Situationen vermeintlicher Gottverlassenheit bereits entgegen.

Damit ändert sich das menschliche Leid grundsätzlich: Es ändert sich zwar nicht in Bezug auf den objektiven Tatbestand. Aber es ändert sich in Bezug auf das Verhältnis von Gott und Leid: Während der allmächtige Gott vom Menschen in seinem Leid angeklagt zu werden verdient, wie er ihm dieses antun bzw. jenes zulassen konnte, hat der leidende Gott die Seiten gewechselt; er steht auf der Seite der Leidenden. Wichtig ist festzuhalten: Mit dem Gedanken vom leidenden Gott wird keine ‚Antwort' auf die Theodizeefrage formuliert. Die Einsicht, dass Gott selbst leidet, hebt die Frage, warum wir so viel leiden müssen, nicht auf. Doch wenn der Mensch sie stellt, steht Gott an seiner Seite!"[235]

Diesen Gedanken kann man aber noch weiterführen: Wenn der leidende und in seiner äußersten Gottverlassenheit zutiefst unglückliche Gott selbst am Kreuz schreit: „Mein Gott, mein Gott warum hast du mich verlassen?" (Mk 15,34; Ps 22,2), stellt er in äußerster Solidarität mit allen Leidenden und Unglücklichen an deren Seite und mit ihnen die Theodizeefrage, die dadurch nicht beantwortet, aber aufgehoben wird in der doppelten Bedeutung des Wortes: bewahrt und zugleich überwunden (siehe oben Seite 2).

Auf den Gleichklang mit der Auffassung von Hans Joas und mit den entsprechenden kreuzestheologischen Überlegungen Jürgen Moltmanns zur Theodizeefrage ist hinzuweisen.

Der oben wiedergegebene Satz Etty Hillesums in ihrem Sonntagmorgengebet („Ich fordere keine Rechenschaft von dir, du wirst uns später zur Rechenschaft ziehen") verdichtet diese Einschätzung und spitzt sie weiter zu:

auf das Stichwort Theodizee im Registerband (DBW 17, 850) samt Sichtung der bezeichneten Fundstellen lässt aber bereits auf eine von vorneherein untergeordnete Relevanz in seinem Denken schließen.

235 Tietz 32f.

Sie verzichtet *uneingeschränkt* auf jede Anfrage an Gott wegen des unermesslichen Leides ihrer Schicksalsgenossen und ihres eigenen Leides. Sie stellt vielmehr die Anthropodizeefrage und stellt sich dabei in einer unfassbaren Entgrenzung nicht nur an die Seite der Opfer, sondern auch an die Seite der Täter mit ihrer Bereitschaft, selbst Schuld zu übernehmen („du wirst uns später zur Rechenschaft ziehen"; und: „Gott ist uns keine Rechenschaft schuldig, wohl aber wir ihm. Ich weiß, was uns noch erwarten kann."[236]). Das erinnert einerseits mit der Bereitschaft zur stellvertretenden Schuldübernahme an das vierte Lied vom Gottesknecht (Jes 52,13–53,12)[237] und andererseits an die im Kapitel IV angesprochene Meditation von Papst Franziskus in Yad Vashem mit der Frage nach „Adam", also dem Menschen, im Grauen von Auschwitz.

[236] Hillesum, Eintrag vom 28.6.1942, 181f.

[237] Bei Bonhoeffer spielt der Gedanke der stellvertretenden Schuldübernahme eine ganz maßgebliche Rolle; Bethge 986: „Das ‚Ganze', das sind die anderen, ist Aufdecken der eigenen Gottlosigkeit, Aufsichnehmen der gemeinsamen Schuld und Teilnehmen an Gottes Ohnmacht in der Welt." In der letzten Strophe seines Gedichtes Jona (DBW 8, 606) spricht Bonhoeffer von sich:
„Tut mich von euch! Mein ist die Schuld. Gott zürnt mir sehr. Der Fromme soll nicht mit dem Sünder enden!"

VII. Ertrag: Simone Weil und Etty Hillesum als „Fromme von morgen“

Es wurde schon bei der Behandlung von Etty Hillesums mystischer Gottesrede im Licht der Interpretation Ulrich Becks, insbesondere in der Fußnote 210, auf das weithin bekannt gewordene Diktum Karl Rahners hingewiesen, nach dem der Fromme von morgen ein Mystiker sein wird, also jemand, der „etwas“ erfahren hat.

Es sollte klar geworden sein, dass die beiden Frauen „etwas“ erfahren haben, das sie veranlasste, inhaltlich im Wesentlichen übereinstimmend, aber bei verschiedener Gewichtung, über einen ohnmächtigen, hilfsbedürftigen, leidenden und leidenschaftlichen Gott zu schreiben.

Damit erweisen sie allen Kirchen als „anonyme Christinnen“ einen prophetischen Dienst, weil die herkömmliche kirchliche, meist einen „deus ex machina“ thematisierende, Gottesrede meiner Überzeugung nach an ihr Ende gekommen ist.

In der Gottesrede Simone Weils liegt das Schwergewicht auf ihrer Lehre vom Unglück Gottes und demgemäß in der Kreuzestheologie. Bei ihr finden sich auch die angesprochenen, ungemein tiefsinnigen, schöpfungstheologischen Aussagen. Diese werden, wie ihre kreuzestheologischen Aussagen, durch ihre Erkenntnis von der Barmherzigkeit Gottes in einzigartiger Weise ergänzt.

Simone Weils Rede von der Barmherzigkeit Gottes entspricht in der derzeitigen Situation der katholischen Kirche in bemerkenswerter Weise den, von Papst Franziskus erkannten, Zeichen der Zeit.

Etty Hillesum betont, ebenfalls aus ihrer gnadenhaften Transzendenzerfahrung heraus, besonders die Hilfsbedürftigkeit Gottes, der sich der Autonomie der Welt unterworfen hat.

Beide bezeugen auch als hochintellektuelle Frauen, insofern vollkommen übereinstimmend, mit ihrem Leben die ihnen zugefallene Gotteserkenntnis. Dieser Umstand verleiht der Gottesrede beider Frauen ein je einzigartiges Gewicht.

Etty Hillesum hat als nicht getaufte Jüdin sogar im Grauen und dem Bewusstsein, dass auch ihre Ermordung bevorsteht, die unermessliche Barmherzigkeit Gottes bezeugt. Deswegen kann sie auch als Zeugin der Auferstehung angesehen werden. Sie soll daher im abschließenden letzten Kapitel noch einmal zu Wort kommen.

VIII. Ausblick: Von der Auferstehung als Lebenskunst

Auf Ettys optimistische Lebenseinstellung im Angesicht des Grauens wurde schon oben hingewiesen. Sie steht zutiefst im Zusammenhang mit ihrer „ars moriendi et vivendi".

Dazu schreibt sie im Eintrag vom 1. Juli 1942, nachmittags:

„Das Leiden tastet die Würde des Menschen nicht an. Ich meine damit: man kann menschenwürdig und menschenunwürdig leiden. Ich meine damit: die meisten Menschen des Westens verstehen die *Kunst* des Leidens nicht und haben tausend Ängste davor. Das ist kein Leben mehr, wie die meisten Menschen leben: in Angst, Resignation, Verbitterung, Hass, Verzweiflung. Mein Gott, man kann es so gut verstehen. *Aber wenn ihnen dieses Leben genommen wird, dann wird Ihnen doch nicht viel genommen? Man muss den Tod als einen Teil des Lebens akzeptieren, auch den schrecklichsten Tod. Aber erleben wir nicht jeden Tag ein ganzes Leben, und macht es denn viel aus, ob wir ein paar Tage mehr oder weniger leben?*"[238]

Und ferner:

„Wenn ich wüsste, ganz sicher wüsste, dass ich in der nächsten Woche sterben werde, könnte ich noch die ganze Woche an meinem Schreibtisch sitzen und in aller Gemütsruhe weiter lernen, ohne dass dies eine Flucht wäre, denn ich weiß jetzt, dass Leben und Sterben sinnvoll miteinander verknüpft sind. Es ist ein Übergang, auch wenn das Ende in seiner äußerlichen Form jämmerlich oder grauenhaft ist."[239]

Dazu ist aber ihre Aussage in ihrem „Sonntagmorgengebet" in Erinnerung zu rufen:

„Und vielleicht können wir mithelfen, dich in den gequälten Herzen der anderen Menschen auferstehen zu lassen."

[238] Hillesum 184 (Hervorhebung R. D.).

[239] Ebd. 205.

Es sollte schon klar geworden sein, dass sie dem, was sich „in ihrem Herzen“ ereignet, höchste Realität beimisst. In ihrem verströmenden weiblichen Für-Sein will sie mithelfen, dass sich diese Auferstehungswirklichkeit auch in den Herzen ihrer gequälten Mitmenschen zeigt und bezeugt damit, wie schon erwähnt, die Barmherzigkeit Gottes (auch wenn ihr dies nicht ausdrücklich bewusst gewesen sein sollte). Es geht also um eine Auferstehungswirklichkeit, die sich schon hier und jetzt, nicht nur, aber auch, in und mit den Leidenden ereignet. Indem sie aber die Kunst des Lebens mit der Kunst des Leidens und damit des Sterbens verknüpft, beschönigt sie nichts und bietet keinen billigen Trost.

Hildegund Keul verweist in ihrer „Auferstehung als Lebenskunst – Was das Christentum auszeichnet“ auf eine große Gefahr, die mit der herkömmlichen Rede (zumeist im Raum der Kirche) von der Auferstehung verbunden ist:

„Von konkreten Lebensfragen getrennt, erscheint sie oft blutleer und lebensfern, steif und beinahe absurd, eine Vertröstung ins Jenseits hinein.“[240]

Sie spricht damit eine isolierte Rede vom Auferstandenen ohne Verbindung mit der Botschaft des irdischen Jesus vom Reich Gottes an, das von einem radikalen Engagement für die Armen gekennzeichnet ist.

> „Der Trennung von Armut und Auferstehung, historischem Jesus und Christus des Glaubens, steht jedoch die innere Verbindung der Liebe zu Gott, den Nächsten und sich Selbst entgegen. Wenn sie untrennbar sind, kann man auch Armut und Auferstehung nicht voneinander trennen. Nur wenn sie innerlich verbunden werden, kann der Glaube an die Auferstehung wirksam werden, und zwar in Lebensfragen der eigenen Gegenwart.“[241]

Dem kann ich aus eigener Erfahrung aufgrund meiner Tätigkeit als Diakon mit Nachdruck zustimmen. Eine isolierte Rede von der Auferstehung, etwa bei Begräbnisgottesdiensten, wird zumeist zu einem zwar hochtrabenden, aber schalen religiösen Gerede. Die nötige Ergänzung in dem aufgezeigten Sinn setzt freilich ein weites Verständnis von „Armut“ voraus. Es geht dabei auch darum, die schon angesprochenen „Irrungen und Wirrungen des Lebens“ nicht gänzlich auszublenden.

---

[240] Keul 123.

[241] Ebd.

In Keuls Theologie spielt die Aufspaltung des Opferbegriffs eine wesentliche Rolle. In der deutschen Sprache gibt es nur ein Wort für „Opfer“. Im Englischen kann man hingegen zwischen victim und sacrifice unterscheiden. Victim = jemand oder etwas erleidet Gewalt oder Unrecht; so erleiden etwa die Opfer eines Aggressionsdelinquenten erzwungene Verletzungen. Sacrifice = das Opfer, das um eines höheren Zieles willen erbracht wird; etwa freiwillige Armut.[242] Nun ist es aber möglich, dass jemand, dem zunächst eine Opferrolle aufgezwungen wird, durch ein sich dazu aktiv Verhalten, schließlich doch ein Sacrifice erbringt.

Damit ist aber das Thema „Widerstand und Ergebung“ angesprochen. Die Briefe Bonhoeffers aus der Haft an seinen Freund Eberhard Bethge wurden von diesem 1951 unter dem bezeichnenden Titel herausgegeben.[243]

Etty Hillesum eröffnete sich aufgrund des ihr auferlegten Schicksals keine Möglichkeit der Beteiligung an einem aktiven Widerstand im Sinne eines Versuches, Hitler und sein Regime durch einen gewaltsamen Staatsstreich zu stürzen. Aber in dem Punkt der aktiven Ergebung in einem Akt der Solidarität mit den Schicksalsgenoss(inn)en (und damit letztlich einer Gleichgestaltung mit dem ohnmächtigen Gott) zeigt sich eine weitere bemerkenswerte Übereinstimmung.

Es wurde erwähnt, dass Etty die angebotene Möglichkeit, sich zu verstecken und damit der Ermordung in einem Vernichtungslager zu entrinnen, aus Solidarität mit ihrem Volk ausschlug. Bonhoeffer kehrte aus Solidarität mit seinem Volk kurz vor Ausbruch des Zweiten Weltkrieges aus dem sicheren amerikanischen Exil nach Deutschland zurück (damals freilich noch mit der berechtigten Hoffnung, zu überleben).[244]

Beide haben aber in der aktiven Ergebung in ihr Schicksal zu ganz neuen und ungemein tiefen Einsichten über den Gott gefunden, dessen Ohnmacht sie teilten.

Anknüpfend an die berühmte Rede von Martin Luther King „I’ve been to the mountaintop“ am Tag bevor er erschossen wurde, verweist Hildegund Keul auf das weithin bekannte Gedicht Bonhoeffers „Von guten Mächten“,

---

[242] Vgl. Keul 20.

[243] anknüpfend an Bonhoeffers Versuch einer Abgrenzung zwischen beiden Begriffen im Brief vom 21. 2. 1944, DBW 8, 333.

[244] Vgl. Bethge 742 f.

das er um die Jahreswende 1944/45 im Gestapokeller in der Prinz Albrecht Straße in Berlin, nunmehr in der fast gewissen Erwartung des nahen Todes, geschrieben hat[245]:

Es ist ein Gebet von ungeheurer poetischer Kraft [...]. Subversiv widerspricht es der Logik des Todes, die in totalitären Gefängnissen herrscht. Gegen das allgegenwärtige Misstrauen, das in Diktaturen vorherrscht, setzt es Gottvertrauen. Bonhoeffer schreibt das Gebet für seine Familie. Das erstaunlichste ist vielleicht, dass er nicht als Gefangener schreibt, den man trösten müsste. Vielmehr sagt er seiner Familie, dass er bereits Trost empfangen hat: ‚behütet und getröstet wunderbar'. Damit tröstet er diejenigen, die über seine Abwesenheit untröstlich sind. Mitten im Gefängnis und kurz vor dem Tod weiß sich Bonhoeffer nicht nur geborgen, sondern ‚wunderbar geborgen'. ‚Dankbar ohne Zittern' kann er durchleben, was ihm bevorsteht, weil die Nazischergen ihn zwar ermorden können, aber letztlich keine Macht über seine Existenz haben. Die letzte Strophe endet mit ‚hoher Lobgesang'.

In den Texten, die beide Märtyrer im Angesicht ihres Todes schreiben, kommt eine Erfahrung von Auferstehung ins Wort. [...]. Beide Männer wissen, dass der Tod vor ihrer Tür steht. Beide beklagen nicht ihren Tod, sondern besingen das Leben. Sie haben Fülle erfahren, eine höchste Intensität von Leben hat sich ihnen geschenkt. [...]. Beide wollen nicht sterben. Aber sie sehen dem Tod ins Auge mit der Gewissheit, dass das Leben sich Ihnen voll und ganz, in aller möglichen Tiefe und Intensität erschließt. [...]. *Der Tod hat letztlich keine Macht mehr über sie, denn sie sind bereits Auferstandene*, [...].[246]

Ich scheue mich nicht zu sagen, dass diese Anschauung (unbeschadet der Tatsache, dass Etty Hillesum nicht an den auferstandenen Gekreuzigten glaubte) auch deren Werk und Leben vollkommen zutreffend charakterisiert.

Die Bezeugung des ohnmächtigen und leidenden (em-pathischen und sym-pathischen) Gottes durch Simone Weil und Etty Hillesum führt zu dessen lobpreisender (leidenschaftlicher) Anbetung im Sinn vom Psalm 84,3:

„Mein Herz und mein Leib jauchzen ihm zu, ihm, dem lebendigen Gott"

und einer staunenden Dankbarkeit über die Zeugnisse der beiden Frauen, die dem Geheimnis Gottes ganz nahe sind. Sie eröffnen mit ihrer Gottesrede

245 Vgl. Bethge 1016.

246 Keul 208f.

die Chance, den Gott zu finden, über den die Kirche niemals verfügen kann, den sie aber verkünden und dem sie nachfolgen sollte.

Und so wie diese Arbeit mit einer Erkenntnis Dietrich Bonhoeffers aus seiner „Nachfolge" eröffnet wurde, soll sie auch mit einer Erkenntnis aus dem selben Werk beschlossen werden:

„Wie das Bild des Gekreuzigten, so wird auch das Bild des Auferstandenen die umgestalten, die es sehen."[247]

[247] DBW 4, 302.

IX. Literaturverzeichnis mit Auflösung der Abkürzungen

Primärliteratur:

Weil, Simone:
— Cahiers – Aufzeichnungen – Vierter Band, herausgegeben und übersetzt von Elisabeth Edl und Wolfgang Matz, München und Wien 1998. *Abkürzung: Cahiers IV.*
— Die Einwurzelung – Einführung in die Pflichten dem menschlichen Wesen gegenüber, deutsche Übersetzung von Friedhelm Kemp, München 1956. *Abkürzung: Weil, Die Einwurzelung.*
— Schwerkraft und Gnade, übersetzt und mit einem Nachwort versehen von Friedhelm Kemp, München, ^{3}1981. *Abkürzung: Weil, SuG.*
— Unterdrückung und Freiheit – Politische Schriften, aus dem Französischen übersetzt und mit einem Vorwort von Heinz Abosch, München 1975. *Abkürzung: Weil, Unterdrückung und Freiheit.*
— Zeugnis für das Gute – Spiritualität einer Philosophin, aus dem Französischen übersetzt und herausgegeben von Friedhelm Kemp, Zürich und Düsseldorf 1998. *Abkürzung: ZfG.*

Hillesum, Etty:
— Das denkende Herz der Baracke – Die Tagebücher 1941 bis 1943, aus dem Niederländischen von Maria Csollány. Mit einem Lebensbild von Christian Feldmann, Freiburg i. B. 2014. *Abkürzung: Hillesum.*

Sekundärliteratur:

Adorno, Theodor W.: Negative Dialektik, Frankfurt am Main 1966. *Abkürzung: Adorno, Negative Dialektik.*

Beck, Ulrich: Der eigene Gott – Von der Friedensfähigkeit und dem Gewaltpotenzial der Religionen, Frankfurt am Main u. a. 2008. *Abkürzung: Beck.*

IX. Literaturverzeichnis mit Auflösung der Abkürzungen

Bethge, Eberhard: Dietrich Bonhoeffer – Eine Biografie, Gütersloh, ^{8}1994. *Abkürzung: Bethge.*

Bonhoeffer, Dietrich:

— Nachfolge, hg. von Martin Kuske u.a., Dietrich Bonhoeffer Werke, 4. Band, Gütersloh 2002. *Abkürzung: DBW 4.*

— Widerstand und Ergebung, Briefe und Aufzeichnungen aus der Haft, hg. von Christian Gremmels u.a., Dietrich Bonhoeffer Werke, 8. Band, Gütersloh 1998. *Abkürzung: DBW 8.*

— Dietrich Bonhoeffer Werke, Register und Ergänzungen, hg. von Herbert Anzinger u.a., 17. Band, Sonderausgabe Gütersloh 2015. *Abkürzung: DBW 17.*

Büchel Sladkovic, Angela: Warten auf Gott – Simone Weil zwischen Rationalismus, Politik und Mystik, Münster 2004. *Abkürzung: Büchel Sladkovic.*

Feil, Ernst: Die Theologie Dietrich Bonhoeffers, Hermeneutik – Christologie – Weltverständnis, Berlin, ^{6}2014. *Abkürzung: Feil.*

Grabert, W. und Mulot, A.: Geschichte der deutschen Literatur, München, ^{7}1961. *Abkürzung: Grabert.*

Henrix, Hans Hermann: Machtentsagung Gottes? Eine kritische Würdigung des Gottesverständnisses von Hans Jonas, in http://www.jcrelations.net/Machtent sagung (Stand: 27. 10. 2016). *Abkürzung: Henrix.*

Joas, Hans: Braucht der Mensch Religion? Über Erfahrungen der Selbsttranszendenz, Freiburg i. B. 2004. *Abkürzung: Joas.*

Jonas, Hans: Der Gottesbegriff nach Auschwitz – Eine jüdische Stimme, Suhrkamp Taschenbuch 1516, ^{14}2013. *Abkürzung: Jonas.*

Kant, Immanuel: Kritik der praktischen Vernunft, Werke in sechs Bänden, hg. von Wilhelm Weischedel, Bd. IV, Schriften zur Ethik und Religionsphilosophie, Sonderausgabe Darmstadt 1998. *Abkürzung: Kant, Kritik der praktischen Vernunft.*

Keul, Hildegund: Auferstehung als Lebenskunst – Was das Christentum auszeichnet, Freiburg i. B. 2014. *Abkürzung: Keul.*

Kitamori, Kazoh: Theologie des Schmerzes Gottes, Göttingen 1972. *Abkürzung: Kitamori.*

Kreutzer, Ansgar: Kenopraxis – Eine handlungstheoretische Erschließung der Kenosis-Christologie, Freiburg i. B. 2011. *Abkürzung: Kreutzer.*

Krogmann, Angelica: Simone Weil, Rororo – Bildmonographie, Hamburg, ^{9}2000. *Abkürzung: Krogmann.*

Metz, Johann Baptist: Memoria Passionis – Ein provozierendes Gedächtnis in pluralistischer Gesellschaft, Freiburg i. B., ^{3}2006. *Abkürzung: Metz.*

Mödlhammer, Johann Werner: Christliche Identität und das Kreuz, in: Gottesgeschichten –Beiträge zu einer systematischen Theologie, hg. von Wilhelm

Achleitner und Ulrich Winkler, Sonderdruck, Freiburg u. a. 1992. *Abkürzung: Mödlhammer.*

Moltmann, Jürgen:

— Der gekreuzigte Gott – Das Kreuz Christi als Grund und Kritik christlicher Theologie, München 1972. *Abkürzung: Moltmann, Der gekreuzigte Gott.*

— Der lebendige Gott und die Fülle des Lebens – Auch ein Beitrag zur Atheismusdebatte unserer Zeit, Gütersloh, [2]2015. *Abkürzung: Moltmann, Der lebendige Gott und die Fülle des Lebens.*

— Trinität und Reich Gottes – Zur Gotteslehre, München 1980. *Abkürzung: Moltmann, Trinität und Reich Gottes.*

Papst Franziskus:

— Die Meditation in Yad Vashem, Katholische Sonntagszeitung 22/2014 oder: http://de.radiovaticana.va/storico/2014/05/26/volltext_papst_in_yad_vashem (Stand: 27. 10. 2016). *Abkürzung: Papst Franziskus in Yad Vashem.*

— Die päpstliche Bulle „Antlitz der Barmherzigkeit (misericordiae vultus)“ in: Papst Franziskus – Gott ist barmherzig – Die wichtigste Botschaft des Heiligen Vaters, hg. von Simon Biallowons, Freiburg i. B. 2016. *Abkürzung: Papst Franziskus, Antlitz der Barmherzigkeit.*

Pétrement, Simone: Simone Weil – Ein Leben, aus dem Französischen von Ellen D. Fischer, Leipzig 2007. *Abkürzung: Pétrement.*

Pröpper, Thomas: Systematisch-theologische Erwägungen zur Allmacht Gottes in $LThK^3$ I (Sonderausgabe 2009) 415–416. *Abkürzung: Pröpper.*

Rahner, Karl:

— Der Leib in der Heilsordnung, in Karl Rahner, Sämtliche Werke, Bd. 22/2, Theologische Anthropologie und Ekklesiologie, bearbeitet von Albert Raffelt, Freiburg i. B. 2008. *Abkürzung: Rahner, Der Leib in der Heilsordnung.*

— Frömmigkeit früher und heute, in Karl Rahner, Sämtliche Werke, Bd. 23, Glaube im Alltag – Schriften zur Spiritualität und zum christlichen Lebensvollzug, bearbeitet von Albert Raffelt, Freiburg i. B. 2006. *Abkürzung: Rahner, Frömmigkeit früher und heute.*

— Die gnadenhafte Transzendenzerfahrung als Kriterium für die Erkenntnis des Individualwillens Gottes, aus Karl Rahner, Das Dynamische in der Kirche, Freiburg i. B. 1958. *Abkürzung: Rahner, Die gnadenhafte Transzendenzerfahrung.*

— Die anonymen Christen, in Karl Rahner, Sämtliche Werke, Bd. 22/2, Theologische Anthropologie und Ekklesiologie, bearbeitet von Albert Raffelt, Freiburg i. B. 2008. *Abkürzung: Rahner, Die anonymen Christen.*

Rauh, Horst Dieter: „Laientheologie“ bei Robert Musil, in: Stimmen der Zeit 234 (2016) 445–456. *Abkürzung: Rauh.*

Schockenhoff, Eberhard: Die Unauflöslichkeit der Ehe und die zivilen Zweitehen von Getauften, in: Stimmen der Zeit 234 (2016) 99–114. *Abkürzung: Schockenhoff.*

Smelik, Klaas A.D.:

— Etty Hillesum und ihr Gottesbild, Vortrag in der Synagoge Linz vom 7. März 2016; das unveröffentlichte Typoskript liegt mir vor. *Abkürzung: Vortrag Smelik.*

— Short Biography of Etty Hillesum (1914–1943), in: Etty Hillesum: The complete works 1941–1943, volume 1, edited by Klaas A.D. Smelik and Meins G.S. Coetsier, Ghent 2014. *Abkürzung: Smelik, Short biography.*

Tietz, Christiane: Der leidende Gott – (überarbeiteter und mit Anmerkungen versehener) Vortrag bei der Jahrestagung der Internationalen Bonhoeffer-Gesellschaft, Eisenach 2009, in: Bonhoeffer Rundbrief 91 (März 2010) 25–41, hg. von der Internationalen Bonhoeffer-Gesellschaft, Sektion Bundesrepublik Deutschland. *Abkürzung: Tietz.*

Tück, Jan-Heiner: Adam, wo bist du? Papst Franziskus in Yad Vashem und die Frage nach dem Abgrund des Menschen, in: Stimmen der Zeit 232 (2014) 558–561. *Abkürzung: Tück.*

Wimmer, Reiner: Vier jüdische Philosophinnen – Rosa Luxemburg, Simone Weil, Edith Stein, Hannah Arendt; Tübingen, ^{2}1991. *Abkürzung: Wimmer.*

Nachtrag:

Diese „Altersstudie“ steht im Zusammenhang mit meiner Tätigkeit als Diakon, zu dem ich am 26. Oktober 2008, erst im Alter von 60 Jahren nach meiner Pensionierung als Richter, geweiht wurde. Sie wurzelt in meinem Anliegen, nicht nur, aber vor allem, Menschen an der Schwelle des Todes eine rational verantwortbare „Gute Nachricht“ zu vermitteln.

Das Thema begleitet mich, was Simone Weil und Dietrich Bonhoeffer betrifft, seit vielen Jahren auf Grund einer Anregung des in der Einleitung erwähnten, inzwischen verstorbenen, Priesters und emeritierten Fundamentaltheologen der Universität Salzburg, Johann Werner Mödlhammer, dem ich tiefen Dank schulde. Etty Hillesum ist mir erst später „zugefallen“.

Riedau, im Juli 2019.
Reinhart Daghofer

Theologische Plädoyers

Andreas Pawlas

Wirtschaftlicher Alltag und Evangelium

Beiträge der Wirtschaft zur Erfahrung des Glaubens – Beiträge des Glaubens zur wirtschaftsethischen Praxis

Zwischen der Wirtschaft und dem Glauben der Christenheit, dem Evangelium, scheint es unüberwindliche Barrieren zu geben. Dabei kann jedoch beispielhaftes Erinnern biblischer Berichte oder der christlichen Tradition zeigen, welche z. T. erstaunlichen Beiträge die Wirtschaft dazu erbringt, das Evangelium zu begreifen, aber auch, welche hilfreiche Anregungen vom Evangelium her für ein verantwortliches Wirtschaften erfolgen können – insbesondere im konkreten wirtschaftlichen Lebensalltag, wo es darum gehen muss, Beruf und Wirtschaft als Teil der menschlichen Lebensverantwortung ernst zu nehmen.

Bd. 10, 2019, 154 S., 24,90 €, br., ISBN 978-3-643-14489-8

Eberhard Martin Pausch

„Ceterum censeo" – Denkanstöße für Theologie und Kirche

In schwierigen Zeiten braucht es anstößige Gedanken. Daher der Buchtitel: „Ceterum censeo" (= Im Übrigen aber meine ich, ...) – der Wahlspruch Catos des Älteren. Der Autor kritisiert die Formel „öffentliche Theologie". Er bestreitet, dass die christliche Kirche eine Demokratie sei, plädiert aber für mehr Beteiligungsmöglichkeiten in der Kirche. Er wirbt für neue Utopien und macht sich stark für eine „doppelte Aufklärung" sowie die Idee des demokratischen Sozialismus. Die Welt ist veränderbar und verbesserbar, und Christenmenschen können Teil eines pluralen Subjekts möglicher Weltveränderung sein.

Bd. 9, 2018, 116 S., 19,90 €, br., ISBN 978-3-643-14162-0

Klaus P. Fischer

Tod sicher – Ende ungewiss?

Vergewisserung im Glauben angesichts des Todes

Überliefert ist Epikurs kurz angebundene Lehre über den Tod: „Solange wir da sind, ist er nicht da, und wenn er da ist, sind wir nicht mehr"! Er meinte, der Tod gehe uns nichts an. Für den Theologen Karl Rahner aber war der Tod das wichtigste Ereignis, weil er das ganze Leben eines Menschen sammle und berge im Geheimnis Gottes. Zwei Ansichten, die in einem übereinstimmen: Kein Lebender kommt daran vorbei, sich auf dieses Endereignis persönlich irgendwie einzustellen. Dieses Buch enthält den Versuch, auf Spuren weiterzugehen, die im christlichen Glauben erkennbar werden.

Bd. 8, 2017, 112 S., 19,90 €, br., ISBN 978-3-643-13743-2

Engelbert Groß

Oasen der verwüsteten Kinder – „Drama"-Theologie exemplarisch

Text und didaktische Hinführung

Die Fair-Trade-Bewegung hat auf den Philippinen indigene Aëta aus kollektiver Verarmung gerettet. Die Kinder und Jugendlichen haben jetzt eine Perspektive, laufen nicht mehr weg in die Städte, in Kriminalität und Prostitution. Das Drama „Oasen der verwüsteten Kinder" gibt dieser Wirklichkeit eine klare Sprache und eine aufrüttelnde Anschaulichkeit: für Spiritualität und Pädagogik, für Politik und Theologie.

Bd. 7, 2016, 144 S., 19,90 €, br., ISBN 978-3-643-13534-6

Ida Raming

Römisch-katholische Priesterinnen

Realität in der gegenwärtigen und zukünftigen Kirche!

Bereits seit mehreren Jahrzehnten wird in der römisch-katholischen Kirche um den Zugang von Frauen zum Diakonat und Priesteramt gerungen. Trotz des starren Festhaltens der vatikanischen Kirchenleitung am Ausschluss der Frauen von diesen Ämtern zeichnet sich jedoch deutlich ab, dass dieser patriarchale Ungeist des „alten Adam" (Eph 4,22) der schöpferischen Geistkraft Gottes, „die jeder/jedem zuteilt, wie Sie will" (1 Kor 12,11), unterlegen sein wird.

Denn zahlreiche Frauen folgen schon jetzt ihrer von Gott geschenkten Berufung zum Diakonat und Priesteramt. Als Pionierinnen bahnen sie in der internationalen Priesterinnenbewegung (RCWP) für künftige Frauengenerationen den Weg.

Dieses Buch gibt ein inspirierendes Zeugnis davon, wie die berufenen Frauen eine frauenfreundliche, am Geist Jesu Christi orientierte Tradition in ihren Gemeinden gestalten und so die dringend notwendige Erneuerung der Kirche vorantreiben.

Bd. 6, 2013, 136 S., 16,90 €, br., ISBN 978-3-643-12307-7

LIT Verlag Berlin – Münster – Wien – Zürich – London

Auslieferung Deutschland / Österreich / Schweiz: siehe Impressumsseite

Klaus-Dieter Müller
Vertrauen wagen
Bedeutsame Aspekte religiöser Erziehung
Eine Ermutigung, Vertrauen zu wagen und mit dieser Intention bedeutsame Aspekte einer im religiösen Grund verankerten Erziehung neu durchzukonjugieren, ist Anliegen dieses Buches.
Die hier präsentierten 12 unzeitgemäß-zeitgemäßen thematischen Abhandlungen durchzieht als roter Faden der Verweis auf den tragenden Grund des Verfassers: die christliche Religion.
Verbindlichkeit, Liebe, Gewissensbildung, Vorbild und Werterziehung, Dankbarkeit, Nächstenliebe, Gebet, Verzeihen und die Rückbesinnung auf die Tugend der Demut sind wichtiger Bestandteil einer Menschlichkeit des Menschen in dieser Welt.
Bd. 5, 2013, 104 S., 24,90 €, br., ISBN 978-3-643-12304-6

Raimund J. Weinczyk
Wiederkunft Christi: Rätsel und Vollendung
Perspektiven in Theologie, Naturwissenschaft und Kunst
Welche Zukunft hat das Buch in Zeiten des Internets und E-Books? Seine Zukunft liegt nach Ansicht des Autors in drei Aspekten zukünftiger Buchproduktion begründet. Erstens gilt es, konkrete Fragen zu stellen. Zum Beispiel: Welche Bedeutung hat das Thema der Wiederkunft Christi für uns aktuell? Zweitens geht es darum, das zu vermittelnde Wissen zu komprimieren – beispielsweise in etwas mehr als 100 Seiten. Drittens wird diese Wissensvermittlung ergänzt durch themenrelevante Interpretation von Kunst. Das vorliegende Buch enthält ein Plädoyer für die ganz allgemein bewusstseinsschärfende Dimension im Reden von der Wiederkunft Christi. Das vollendende Kommen Christi geschieht in Raum und Zeit menschlicher Generationenfolge. Theologie, Naturwissenschaft und Kunst bieten genügend Anhaltspunkte, um sich diesem Geschehen anzunähern.
Bd. 4, 2011, 144 S., 19,90 €, br., ISBN 978-3-643-11210-1

Silke Obenauer
Gottes bunte Gnade
Plädoyer für die Wiederentdeckung der Gaben in der Kirche
Wie kann ehrenamtliche Arbeit in der Kirche verantwortlich gestaltet werden? Angesichts der Renaissance des Ehrenamtes plädiert der vorliegende Band für eine Wiederentdeckung der Gaben: Ehrenamtliche können sich besonders fruchtbar und auch für sich selbst erfüllend in die Gestaltung der Kirche einbringen, wenn sie ihre Gaben einsetzen.
Die Autorin verbindet biblische Gedanken zu Gaben mit der reformatorischen Lehre vom Allgemeinen Priestertum und nimmt auch soziologische Aspekte auf. Sie entwickelt eine Theorie gabenorientierter Mitarbeit und gibt Impulse zur Umsetzung vor Ort.
Bd. 3, 2009, 104 S., 14,90 €, br., ISBN 978-3-643-10270-6

Eckard Siggelkow
Gretchenfrage Menschenbild
Anspruch und Wirklichkeit kirchlicher Bildung in der offenen Kinder- und Jugendarbeit
Die Kirche steht vor großen Herausforderungen. Ihre Bewältigung hängt wesentlich von ihrer Bildungsarbeit ab. Der Rat der EKD bezeichnet Bildung als „Schlüsselressource" für das 21. Jahrhundert. In diesem Buch ist zu lesen, dass Anspruch und Wirklichkeit kirchlicher Bildungsarbeit weit auseinandergehen. Die Diskrepanz wird durch ein pluralismuskonformes Bildungsverständnis verursacht, das auf Konsens ausgerichtet ist und die kirchliche Bildungspraxis bestimmt. Dies kann nur zu Lasten ihrer eigenen Belange gehen. Traditionsabbruch und die religiöse Sprachlosigkeit sind eine Folge davon.
Bd. 2, 2008, 168 S., 14,90 €, br., ISBN 978-3-8258-1378-9

Ida Raming
Gleichrangig in Christus anstatt: Ausschluss von Frauen „im Namen Gottes"
Zur Rezeption und Interpretation von Gal 3,27f in vatikanischen Dokumenten
„Ihr alle, die ihr auf Christus getauft seid, habt Christus angelegt. Es gibt nicht mehr Juden und Griechen (Heiden), nicht Sklaven und Freie, nicht Mann und Frau; denn ihr alle seid ‚einer' in Christus Jesus ..." (Gal 3,27f).
Diese Worte, vom Apostel Paulus an die galatische Gemeinde gerichtet, sind eine befreiende, noch immer aktuelle Botschaft. Aber gilt sie auch für Frauen in der römisch-katholischen Kirche? Ist das hierarchisch-patriarchalische Verhältnis zwischen Männern und Frauen in dieser Kirche etwa überwunden und hat einer gleichberechtigten Partnerschaft Platz gemacht?
Wie gingen (und gehen) die verantwortlichen Amtsträger der Kirche (Päpste, Konzilsväter, Kardinäle) mit diesem Bibeltext um? Wie interpretieren sie ihn, welche Folgerungen ziehen sie daraus?
Auf all diese Fragen will dieses Buch Antworten geben. Dabei werden die einschlägigen Dokumente von Pius XII. bis Benedikt XVI., vom Zweiten Vatikanischen Konzil und von der Glaubenskongregation („Zusammenarbeit von Mann und Frau in Kirche und in der Welt", 2004) zugrunde gelegt. Das Ergebnis ist höchst bemerkenswert!
Wie aktuell und zukunftsweisend die Botschaft des Galaterbriefes noch heute ist, wird abschließend durch die Predigt einer evangelischen Pfarrerin veranschaulicht.
Bd. 1, 2006, 120 S., 10,00 €, br., ISBN 3-8258-9706-0